令和6年度試験を受験される皆様へ

賃貸不動産経営管理士は、「賃貸住宅の管理業務等の適正化に関する法律」（以下本書では「賃貸住宅管理業法」とします）において、賃貸住宅管理業務を行ううえで設置が義務付けられている「業務管理者」の要件として定められている国家資格です。賃貸住宅管理に関する専門家として、重要な役割を担います。

賃貸不動産経営管理士試験では、「賃貸住宅の管理に関する知識・技能・倫理観を持ち、適正
われます。主に、賃貸住宅
の考え方、原状回復ガイド
約に関する出題が中心で、
れます。

令和５年度試験の合格率は28.2％であり、合否判定基準は50問中36問以上（管理士講習修了者は、45問中31問以上）の正解が必要で、決してやさしい試験ではないということがわかります。

基本的な試験対策としては、賃貸住宅管理業法などの法律関係の学習を中心に、設備関係やその他の保険・税金などについてもおさえていきましょう。

本書では、試験の出題傾向を独自に分析した結果をもとに、出題内容のウエイト付けを行い、ポイントをおさえながら効率的に学習できるように問題を構成しました。

本書の問題に繰り返しチャレンジし、実力アップで合格につなげましょう！

「賃貸不動産経営管理士」Q&A

Q 「賃貸不動産経営管理士」とは？

A 賃貸住宅管理業法では、賃貸住宅管理業者は、従業員が行う管理業務等の質を担保する必要があることから、従業員が行う管理業務等の指導・監督を行うために必要な知識及び能力等の一定の要件を備える者（業務管理者）を、その営業所又は事務所ごとに１人以上選任し、一定の事項についての管理及び監督に関する事務を行わせなければならないと定めています。この業務管理者の要件の一つが賃貸不動産経営管理士であり、法体系に基づく国家資格となっています。

◇◇

Q 賃貸住宅管理業者が行う管理業務とは？

A 賃貸住宅管理業者は、賃貸住宅管理業法において規定される「管理業務」として、賃貸事業の収益の源泉である「居室」と、入居者が日常生活上使用する廊下等の共用部分（アパートの場合）を中心として、これに付随する設備等を含めた賃貸住宅の全体について、維持保全（建物・設備の点検・維持・修繕等）し、家賃・敷金等の金銭の管理を行います。また、これらの「管理業務」以外にも、オーナーと入居者との間の賃貸借契約の更新・解除に係る業務、入居者からの苦情への対応に係る業務、入居者の入退去に係る業務についても行います。

◇◇

Q 業務管理者の主な仕事は？

A 賃貸住宅管理業者は、業務管理者を選任し、管理受託契約の契約内容の明確性、管理業務として行う賃貸住宅の維持保全の実施方法の妥当性その他の入居者の居住の安定及び賃貸住宅の賃貸に係る事業の円滑な実施を確保するために必要な事項について、管理及び監督に関する事務を行わせる必要があり、業務管理者が管理・監督を実施しなければならない事項は、下記のように規定されています。

①法（賃貸住宅管理業法。以下この項において同じ）第13条（管理受託契約の締結前の書面の交付）、第14条（管理受託契約の締結時の書面の交付）の規定による説明・書面の交付に関する事項
②賃貸住宅の維持保全の実施に関する事項
③賃貸住宅に係る家賃、敷金、共益費その他の金銭の管理に関する事項
④法第18条の規定による帳簿の備付け等に関する事項
⑤法第20条の規定による定期報告に関する事項
⑥法第21条の規定による秘密の保持に関する事項
⑦賃貸住宅の入居者からの苦情の処理に関する事項
⑧上記のほか、賃貸住宅の入居者の居住の安定及び賃貸住宅の賃貸に係る事業の円滑な実施を確保するため必要な事項として国土交通大臣が定める事項

◇◇◇◇◇◇◇◇◇◇◇◇◇◇◇◇◇◇◇◇◇◇◇◇◇◇◇◇◇◇◇◇◇◇◇◇◇◇

出題範囲は？

以下の内容から出題されます。

〔出題範囲〕

イ　管理受託契約に関する事項
ロ　管理業務として行う賃貸住宅の維持保全に関する事項
ハ　家賃、敷金、共益費その他の金銭の管理に関する事項
ニ　賃貸住宅の賃貸借に関する事項
ホ　法に関する事項
ヘ　イからホに掲げるもののほか、管理業務その他の賃貸住宅の管理の実務に関する事項

※講習修了者が免除（10ページ参照）を受けられる問題はその年の試験ごとに変わりますので、すべての範囲を学習されることをおすすめします。

※本書は、原則として、2024年度の賃貸不動産経営管理士試験の出題法令基準日と同じ2024年4月1日現在の情報に基づいて編集しています。

もくじ

令和6年度試験を受験される皆様へ…… 1
「賃貸不動産経営管理士」Q&A …… 2
もくじ …… 4
本書の特色と使い方…… 9
受験ガイダンス…… 10

1章 賃貸住宅管理とは

LESSON 1 賃貸住宅管理の意義 …… 12
LESSON 2 管理業者の役割(1) …… 14
LESSON 3 管理業者の役割(2) …… 16
LESSON 4 統計調査 …… 18
LESSON 5 住生活基本計画(1) …… 20
LESSON 6 住生活基本計画(2) …… 22
LESSON 7 その他 …… 24

コラム 免除科目について …… 26

2章 賃貸住宅管理業法

LESSON 1 賃貸住宅の定義 …… 28
LESSON 2 管理業務・賃貸住宅管理業の登録 …… 30
LESSON 3 賃貸住宅管理業の登録 …… 32
LESSON 4 登録の拒否事由 …… 34
LESSON 5 届出・業務管理者の選任 …… 36
LESSON 6 管理受託契約(1) …… 38
LESSON 7 管理受託契約(2) …… 40
LESSON 8 標準管理受託契約書 …… 42
LESSON 9 管理業者の遵守事項(1) …… 44
LESSON 10 管理業者の遵守事項(2) …… 46
LESSON 11 監督等 …… 48
LESSON 12 登録の抹消等 …… 50
LESSON 13 特定賃貸借契約(マスターリース契約) …… 52
LESSON 14 勧誘者 …… 54
LESSON 15 誇大広告等の禁止 …… 56
LESSON 16 不当な勧誘等の禁止 …… 58

LESSON 17 特定転貸事業者の監督・締結前の重要事項説明…… 60
LESSON 18 特定賃貸借契約締結前の重要事項説明…… 62
LESSON 19 特定賃貸借標準契約書…… 64
LESSON 20 貸主への報告…… 66
LESSON 21 特定賃貸借契約締結時書面…… 68
LESSON 22 書類の備え置き…… 70
LESSON 23 罰則(1)…… 72
LESSON 24 罰則(2)…… 74

コラム 用語の定義(1)…… 76

3章 管理受託契約

LESSON 1 委任(1)…… 78
LESSON 2 委任(2)…… 80
LESSON 3 報酬…… 82

コラム 用語の定義(2)…… 84

4章 賃貸借契約

LESSON 1 賃貸借契約…… 86
LESSON 2 貸主と借主の権利と義務(1)…… 88
LESSON 3 貸主と借主の権利と義務(2)…… 90
LESSON 4 貸主と借主の権利と義務(3)…… 92
LESSON 5 貸主と借主の権利と義務(4)…… 94
LESSON 6 サブリース方式による賃貸管理(1)…… 96
LESSON 7 サブリース方式による賃貸管理(2)…… 98
LESSON 8 原賃貸借契約の終了…… 100
LESSON 9 サブリース方式による賃貸管理の特徴…… 102
LESSON 10 更新…… 104
LESSON 11 定期建物賃貸借(1)…… 106
LESSON 12 定期建物賃貸借(2)…… 108
LESSON 13 賃貸借契約の終了(1)…… 110
LESSON 14 賃貸借契約の終了(2)…… 112
LESSON 15 賃貸借契約の終了(3)…… 114
LESSON 16 賃貸借契約の終了(4)…… 116
LESSON 17 貸主・借主の死亡…… 118

LESSON 18　貸主・借主の変更(1) …… 120
LESSON 19　貸主・借主の変更(2) …… 122
LESSON 20　使用貸借契約 …… 124
LESSON 21　賃貸住宅標準契約書 …… 126

コラム　管理受託方式とサブリース方式 …… 128

5章 金銭の管理

LESSON 1　賃料 …… 130
LESSON 2　供託・貸主や借主が複数いる場合 …… 132
LESSON 3　賃料改定 …… 134
LESSON 4　未収賃料の回収等(1) …… 136
LESSON 5　未収賃料の回収等(2) …… 138
LESSON 6　未収賃料の回収等(3) …… 140
LESSON 7　敷金(1) …… 142
LESSON 8　敷金(2) …… 144
LESSON 9　保証(1) …… 146
LESSON 10　保証(2) …… 148
LESSON 11　会計の基礎・分別管理 …… 150

コラム　管理受託契約重要説明事項 …… 152

6章 賃貸住宅の維持保全

LESSON 1　建物の保全・維持管理(1) …… 154
LESSON 2　建物の保全・維持管理(2) …… 156
LESSON 3　修繕計画 …… 158
LESSON 4　土地工作物責任 …… 160
LESSON 5　建物に関する基礎知識(1) …… 162
LESSON 6　建物に関する基礎知識(2) …… 164
LESSON 7　耐震診断・補強(1) …… 166
LESSON 8　耐震診断・補強(2) …… 168
LESSON 9　屋根、外壁、漏水、防水(1) …… 170
LESSON 10　屋根、外壁、漏水、防水(2) …… 172
LESSON 11　建築法規(1) …… 174
LESSON 12　建築法規(2) …… 176
LESSON 13　換気設備 …… 178

LESSON 14 住環境の整備 …… 180
LESSON 15 給水設備・給湯設備等(1) …… 182
LESSON 16 給水設備・給湯設備等(2) …… 184
LESSON 17 排水・通気設備 …… 186
LESSON 18 電気設備(1) …… 188
LESSON 19 電気設備(2) …… 190
LESSON 20 ガス設備 …… 192
LESSON 21 昇降機設備・駐車場設備 …… 194
LESSON 22 消防用設備・避雷設備等 …… 196
LESSON 23 居住ルールの指導・クレーム処理等 …… 198
LESSON 24 防火・防災対策 …… 200
LESSON 25 緊急事態への対応 …… 202
LESSON 26 防犯対策 …… 204

コラム 特定賃貸借重要説明事項 …… 206

7章 管理業務の実施に関する事項

LESSON 1 不動産の表示に関するルール(1) …… 208
LESSON 2 不動産の表示に関するルール(2) …… 210
LESSON 3 募集広告に関する制限 …… 212
LESSON 4 入居審査 …… 214
LESSON 5 媒介報酬 …… 216
LESSON 6 宅建業法の規定 …… 218
LESSON 7 その他の説明事項 …… 220
LESSON 8 鍵の管理 …… 222
LESSON 9 原状回復ガイドライン(1) …… 224
LESSON 10 原状回復ガイドライン(2) …… 226
LESSON 11 原状回復ガイドライン(3) …… 228
LESSON 12 関連法令等 …… 230
LESSON 13 個人情報保護法 …… 232
LESSON 14 消費者契約法(1) …… 234
LESSON 15 消費者契約法(2) …… 236
LESSON 16 住宅宿泊管理業 …… 238
LESSON 17 不動産証券化と管理業者の役割(1) …… 240
LESSON 18 不動産証券化と管理業者の役割(2) …… 242
LESSON 19 保険の種類と概要(1) …… 244
LESSON 20 保険の種類と概要(2) …… 246
LESSON 21 賃貸不動産経営と税金(1) …… 248
LESSON 22 賃貸不動産経営と税金(2) …… 250
LESSON 23 賃貸不動産経営と税金(3) …… 252

LESSON 24 賃貸不動産活用の企画提案 …… 254
LESSON 25 相続税・贈与税(1) …… 256
LESSON 26 相続税・贈与税(2) …… 258

コラム 原状回復ガイドライン(1) …… 260

8章 賃貸不動産経営管理士

LESSON 1 賃貸不動産経営管理士に求められる役割 …… 262
LESSON 2 賃貸不動産経営管理士に求められるコンプライアンス …… 264
LESSON 3 倫理憲章(1) …… 266
LESSON 4 倫理憲章(2) …… 268

コラム 原状回復ガイドライン(2) …… 270

略語一覧

賃貸住宅の管理業務等の適正化に関する法律……管理業法
賃貸住宅の管理業務等の適正化に関する法律施行令……施行令
賃貸住宅の管理業務等の適正化に関する法律施行規則……施行規則
賃貸住宅の管理業務等の適正化に関する法律の解釈・運用の考え方……解釈・運用の考え方
サブリース事業に係る適正な業務のための ガイドライン……サブリースガイドライン
宅地建物取引業……宅建業
原状回復をめぐるトラブルとガイドライン…原状回復ガイドライン
賃貸住宅標準契約書……標準契約書

本書の特色と使い方

本書は、賃貸不動産経営管理士試験において出題が予想される内容に的をしぼり、正確な正誤を判断する力をつけるための一問一答形式の問題集です。

本書にチャレンジし、正誤を判断する力を身につけましょう。

受験ガイダンス

■試験日　年1回、令和6年度試験は、令和6年11月17日(日)

■受験料　12,000円

■受験資格　受験はどなたでもできます。

■受験申込・願書請求期間

令和6年8月1日(木)～令和6年9月26日(木)

※願書請求期間は令和6年9月19日(木)PM12:00まで

■試験会場　北海道、青森、岩手、宮城、福島、群馬、栃木、茨城、埼玉、千葉、東京、神奈川、新潟、石川、長野、静岡、岐阜、愛知、三重、滋賀、奈良、京都、大阪、兵庫、島根、岡山、広島、山口、香川、愛媛、高知、福岡、熊本、長崎、大分、宮崎、鹿児島、沖縄(全国38地域)

■出題形式　全50問の四肢択一形式で、120分(13:00～15:00)の試験です。なお、令和5年度及び令和6年度の賃貸不動産経営管理士講習(以下「講習」とする)を修了している人は、出題50問のうち、5問が免除されます。

■合格発表　令和6年12月26日(木)

■合格基準　令和5年度試験は、50問中36問以上正解した者(講習修了者は45問中31問以上正解した者)

■試験に関する問い合わせ先

※試験に関する事項は変更される場合があります。必ずご自身で試験実施機関が公表する最新情報を確認してください。

一般社団法人賃貸不動産経営管理士協議会　受付センター
TEL：0476-33-6660(電話受付：平日10:00～17:00)
FAX：050-3153-0865(FAX受付：24時間)
URL：https://www.chintaikanrishi.jp/

賃貸住宅管理とは

LESSON 1 賃貸住宅管理の意義

賃貸住宅管理とは、賃貸借契約後の当事者の関係及び物件の利用関係をどのようにマネジメントしていくかの問題としてとらえることができる。

情報化社会の進展により、賃貸不動産の管理に関する情報を、誰でも容易に入手できるようになったので、賃貸不動産管理に関する専門的知識の重要性は、相対的に低下してきた。

賃貸住宅を取り巻く環境の変化に伴い、賃貸住宅の管理に対しても、賃貸人の賃貸住宅経営そのものへの支援や、投資家の存在を前提にした収益確保のための管理運営が基本的視点として重視され、賃貸住宅の管理業務全般を総合的に専門家の手に委ねるニーズが大きくなった。

現在、特に不動産賃貸借を中心に、法人である賃借人を消費者と位置づけて、消費者保護の観点から不動産賃貸借関係をとらえようとする動きが活発化している。

プラスα
●賃貸住宅の管理をめぐる環境の変化
不動産賃貸借においては、定期借家などさまざまな契約形態を選↗

得点
1回目 /4 2回目 /4

答1 ○ 住宅の賃貸借にあたっては、賃貸借契約及びその手続と、その後の関係の中で生じうる**さまざまな問題に対処**することが必要になる。賃貸住宅管理とは、そのような賃貸借契約後の当事者の関係及び物件の利用関係を、どのようにマネジメントしていくかの問題として**とらえられる**。

答2 × 情報化社会の進展により、賃貸不動産の管理に関する情報を誰でも容易に入手できるようにはなったが、同時に、専門的知識のない者が、**不必要な情報**に惑わされたり、**誤った理解**をしたりする危険性も増加するようになった。そのため、賃貸不動産管理に関する専門的知識の重要性は**高まっている**。

答3 ○ 賃貸住宅を取り巻く環境の変化に伴い、賃貸住宅の管理に対しても、賃貸人の**賃貸住宅経営**そのものへの支援や、投資家の存在を前提にした収益確保のための**管理運営**が基本的視点として重視され、賃貸住宅の管理業務全般を総合的に専門家の手に委ねるニーズが**大きく**なった。➡プラスα

答4 × 現在、特に不動産賃貸借を中心に、**個人**である賃借人を消費者と位置づけて、消費者保護の観点から不動産賃貸借関係をとらえようとする動きが活発化**している**。

択できるようになったこと、不動産証券化の広がりにより、賃貸人が実物の所有者でなく不動産投資家の場合があることなどが変化としてあげられる。

LESSON 2 管理業者の役割(1)

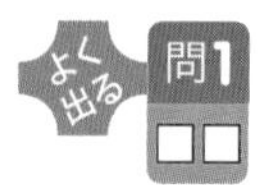

賃貸住宅経営支援に関する業務には、賃貸住宅経営に関する節税や相続の相談・提案への協力業務は含まれない。

近年、賃貸住宅管理業者には、収益的に安定した賃貸借の仕組みを維持することを目的とした管理が求められるようになっている。

賃貸住宅管理業者は、街並み景観、まちづくりにも貢献していく社会的責務を負っている。

賃貸住宅管理業者は、建物管理のプロとしての役割を果たす、循環型社会への移行に貢献する、管理業務に関する専門知識の研鑽と人材育成に努める、といった社会的責務を負うが、貸主の賃貸住宅経営を総合的に代行する資産運営の専門家というわけではない。

プラス α

●収益的に安定した賃貸借

賃貸経営の安定のためには、できるだけ優良な借主に長く住んで↗

答1 ×

賃貸住宅経営支援に関する業務としては、①不動産活用、賃貸用建物の企画提案関連業務、②賃貸住宅経営に関する**節税**や**相続**の相談・**提案への協力**業務、③投資家への提案に関する業務などがあげられる。

答2 ○

近年、大家－店子（たなこ）関係の延長にある家族的な賃貸借関係とそれに付随する家賃収納業務のみを念頭に置いた従来型の管理に代わり、収益的に**安定**した賃貸借の仕組みを**維持**することを目的とした管理が求められるように**なっている**。➡プラスα

答3 ○

住宅等を良質な状態で長く利用するためには、その建物のある**環境**も重要な要素となることから、管理業者は、街並み景観、まちづくりにも貢献していく社会的責務を**負っている**。

答4 ×

管理業者の社会的責務として、建物管理のプロとしての役割、循環型社会への移行への貢献、管理業務に関する専門知識の研鑽と人材育成などのほか、貸主の資産の適切な運用のために、貸主の賃貸住宅経営を総合的に代行する**資産運営**の専門家としての役割も**有している**。

もらうことが重要である。このため、現在では、借主の立場を重視した賃貸不動産の管理のあり方が要請されている。

LESSON 3 管理業者の役割(2)

昨今の借り手市場のもとで、入居率を維持し賃貸収入を確保するためには、賃借人の入れ替えに伴う新規入居者からの一時金収入とその際の賃料引き上げに期待するべく、賃借人入れ替えのサイクルを早めていくことが大切になっている。

アセットマネージャーが行う情報開示は管理業者の情報が基礎となるので、賃貸住宅管理業者には、アセットマネージャーに対する透明性の高い説明及び報告が求められる。

賃貸住宅管理業者の社会的信用性の確立のためには、経済的な信用性の確立とあわせ、実際に管理業務を行う経営者及び従業者について、高い品位、資質、知識と業務遂行能力が求められる。

プラス α

●借主への対応

借主に長く住んでもらうために、管理業者には、賃貸物件・設備↗

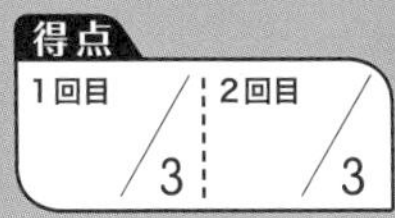

答1

昨今の借り手市場のもとで、入居率を維持し賃貸収入を確保するためには、賃借人の入れ替えに伴う新規入居者からの一時金収入とその際の賃料引き上げに期待する従来の考え方ではなく、できるだけ**優良**な賃借人に**長く**住んでもらうことが大切になっている。➡ プラスα

答2

不動産資産は、不動産証券化により、不特定多数の実質的な所有者が存在することも少なくない。多数の所有者に対して、資産運用等の面で責任を持つアセットマネージャーは、説明・情報開示責任を果たすため、運用資産である不動産の管理状況、収益状況について、透明性の高い説明と報告が求められる。また、アセットマネージャーが行う**情報開示**は管理業者の情報が基礎となるので、管理業者には、アセットマネージャーに対する**透明性**の高い説明及び報告が求められる。

答3
○
管理業者が管理する不動産資産は、その所有者や使用者にとってだけでなく、社会的にも貴重な財産である。したがって、その管理にあたる管理業者には、**社会的信用**が求められる。また、社会的信用性の確立のためには、経済的な信用性の確立とあわせ、実際に管理業務を行う経営者及び従業者について、高い**品位**、資質、知識と**業務遂行能力**が求められる。

の維持・保全、快適な環境整備、苦情やトラブルへの適切な対応などが求められている。

LESSON 4 統計調査

問1 □□

「平成30年住宅・土地統計調査」によると、総住宅数は、平成25年の調査時と比べて減少している。

問2 □□

「平成30年住宅・土地統計調査」によると、持ち家率は、平成25年の調査時と比べて増加している。

よく出る 問3 □□

「平成30年住宅・土地統計調査」によると、空き家率は、平成25年の調査時と比べて増加している。

問4 □□

「平成30年住宅・土地統計調査」によると、空き家の内訳では、賃貸用の住宅が全体の過半数を占めている。

問5 □□

「建築着工統計調査報告（令和5年計）」によると、令和5年の新設住宅着工戸数は、前年と比べて増加している。

問6 □□

「建築着工統計調査報告（令和5年計）」によると、令和5年に新設着工された貸家の数は、前年と比べて増加している。

プラスα **●住宅・土地統計調査**
総務省統計局が行う調査であって、日本における住宅と住宅に居↗

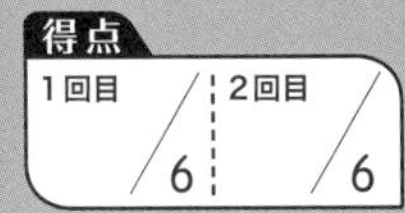

総住宅数は6,240万7,000戸となっており、平成25年の調査時と比べて177万9,000戸(2.9%)**増加**している。➡プラスα

持ち家率は61.2%となっており、平成25年の調査時(61.7%)と比べて0.5%**減少**している。

空き家率は13.6%となっており、平成25年の調査時(13.5%)と比べて0.1%**増加**している。

空き家は約848万9,000戸であり、そのうち賃貸用の住宅が約432万7,000戸となっている。よって、空き家の内訳では、賃貸用の住宅が全体の**過半数**を占めている。

令和5年の新設住宅着工戸数は81万9,623戸で、前年比では4.6%**減**となっており、3年ぶりの**減少**となった。

令和5年に新設着工された貸家の数は34万3,894戸で、前年比では0.3%**減**となっており、3年ぶりの**減少**となった。

住する世帯の居住状況、世帯の保有する土地等の実態を把握して、その現状と推移を明らかにするもの。5年ごとに行われている。

LESSON 5 住生活基本計画(1)

住生活基本法に基づき令和3年3月19日に閣議決定された住生活基本計画では、基本的な施策として子育てしやすく家事負担の軽減に資するリフォームの促進、住宅内テレワークスペース等の確保が掲げられている。

住生活基本法に基づき令和3年3月19日に閣議決定された住生活基本計画では、目標として「新たな日常」やDXの進展等に対応した新しい住まい方の実現は掲げられていない。

住生活基本法に基づき令和3年3月19日に閣議決定された住生活基本計画では、目標として「頻発・激甚化する災害新ステージにおける安全な住宅・住宅地の形成と被災者の住まいの確保」が掲げられている。

プラスα
●住生活基本法
住生活の安定の確保及び向上の促進に関する施策を総合的かつ計↗

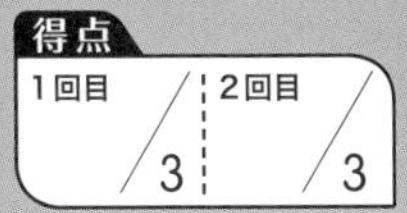

答1 ○

基本計画においては、「子どもを産み育てやすい住まいの実現」が目標に掲げられており、基本的な施策の一つとして「**子育て**しやすく家事負担の軽減に資する**リフォーム**の促進、住宅内**テレワークスペース**等の確保」がある。➡ プラスα

答2 ×

基本計画においては、基本的な施策として「住宅内テレワークスペース、地域内のコワーキングスペース、サテライトオフィス等を確保し、職住一体・近接、在宅学習の環境整備を推進するとともに、宅配ボックスや自動水栓の設置等を進め、非接触型の環境整備を推進」のほか、「持家・借家を含め、住宅に関する情報収集から物件説明、交渉、契約に至るまでの契約・取引プロセスの DX の推進」が掲げられ、「**新たな日常**」や **DX** の進展等に対応した**新しい住まい方**の実現という目標を達成するとしている。

答3 ○

基本計画においては「頻発・激甚化する災害新ステージにおける**安全**な住宅・住宅地の**形成**と被災者の住まいの確保」という目標を達成するとしている。

画的に推進することで、国民生活の安定向上と社会福祉の増進を図るとともに、国民経済の健全な発展に寄与することを目的とする法律である。

LESSON 6 住生活基本計画(2)

住生活基本法に基づき令和３年３月19日に閣議決定された住生活基本計画では、基本的な施策として「公営住宅の整備・管理を進めるにあたって、地域の実情や世帯の動向等を踏まえつつ、民間事業者単体での様々なノウハウや技術の活用や世帯属性に応じた住戸の供給の推進」が掲げられている。

住生活基本法に基づき令和３年３月19日に閣議決定された住生活基本計画では、基本的な施策として「三世代同居や近居、身体・生活状況に応じた円滑な住替え等が行われるとともに、家族やひとの支え合いで高齢者が健康で暮らし、多様な世代がつながり交流する、ミクストコミュニティの形成」が掲げられている。

住生活基本法に基づき令和３年３月19日に閣議決定された住生活基本計画では、目標として「新築住宅の建設促進による安全で質の高い住宅ストックの形成」が掲げられている。

プラスα ●PPP/PFI

PPPとは官民連携事業のことをいい、その一つであるPFIは、公↗

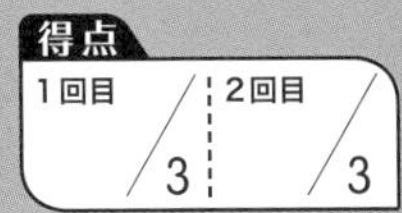

答1

基本計画においては、「住宅確保要配慮者が安心して暮らせる**セーフティネット**機能の整備」という目標を達成するための基本的な施策として「公営住宅の整備・管理を進めるにあたって、地域の実情や世帯の動向等を踏まえつつ、**PPP/PFIも含め**、民間事業者の様々なノウハウや技術の活用や世帯属性に応じた住戸の供給の推進」等が掲げられている。➡プラスα

答2

基本計画においては、「**多様な世代**が支え合い、**高齢者**等が健康で安心して暮らせるコミュニティの形成とまちづくり」という目標を達成するための基本的な施策として「三世代同居や近居、身体・生活状況に応じた円滑な住替え等が行われるとともに、家族やひとの支え合いで高齢者が健康で暮らし、**多様な世代**がつながり交流する、**ミクストコミュニティ**の形成」が掲げられている。

答3

基本計画においては、本肢のような目標は掲げられておらず、住宅ストック・産業からの視点としては、「脱炭素社会に向けた**住宅循環システム**の構築と良質な**住宅ストック**の形成」という目標を達成するとしている。

共施設等の建設、維持管理、運営等を民間の資金、経営能力及び技術的能力を活用することで、効率化やサービス向上を図る公共事業の手法をいう。

LESSON 7 その他

空家等対策の推進に関する特別措置法の適用対象となる特定空家等には、賃貸住宅が含まれないので、管理業者として独自の対応が必要である。

2019（平成31）年4月に国土交通省より公表された「不動産業ビジョン2030～令和時代の『不動産最適活用』に向けて～」では、不動産業が目指すべき将来像として、「豊かな住生活を支える産業」等を設定している。

「不動産業ビジョン2030～令和時代の『不動産最適活用』に向けて～」（国土交通省平成31年4月24日公表）は、不動産管理業の役割として、資産価値の維持・向上を通じたストック型社会の実現、コミュニティ形成、高齢者見守りなど付加価値サービスの提供やエリアマネジメント推進を指摘した。

国土交通省が行った「民間賃貸住宅に関する市場環境実態調査」（平成22年）によると、民間賃貸住宅の8割以上は法人経営である。

プラスα

●不動産業ビジョン2030

本ビジョンでは官民共通の目標として、不動産の「たたみ方」にも↗

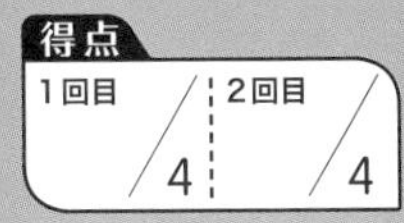

答1 ×

空家等対策の推進に関する特別措置法（空家等対策特別措置法）における「特定空家等」には賃貸住宅が**含まれる**。

答2 ○

ビジョンにおいては、2030年をターゲットに、不動産業が目指すべき将来像として、「**豊かな住生活**を支える産業」、「我が国の**持続的成長**を支える産業」、「人々の**交流**の「場」を支える産業」の3点を設定している。➡プラスα

答3 ○

ビジョンにおいては、**不動産管理業**の役割として、資産価値の維持・向上を通じた**ストック型社会**の実現、**コミュニティ**形成、高齢者見守りなど付加価値サービスの提供や**エリアマネジメント推進**が指摘されている。

答4 ×

国土交通省が行った「民間賃貸住宅に関する市場環境実態調査」（平成22年）によると、民間賃貸住宅の**8**割以上は**個人経営**であり、そのうち約6割が60歳以上の高齢者となっている。

配慮をすることや、新規供給は、後世に承継できる良質なものとなるよう留意すること等、「ストック型社会の実現」を設定している。

コラム

免除科目について

10ページの受験ガイダンスでも紹介したように、賃貸不動産経営管理士講習(以下「講習」とする)を修了している人は、出題50問のうち、5問が免除されます。どういったテーマが免除されているのでしょうか。

直近の令和5年度試験における講習受講による免除問題の主な出題テーマは下記のようなものでした。

・建物の構造(制振(制震)構造、免震構造)
・給水設備(ウォーターハンマー現象、腐食障害防止、クロスコネクション、直結直圧方式)
・賃貸住宅に関する国の政策(空き家の有効活用、居住支援協議会、「住生活基本計画」、「不動産業ビジョン2030」)
・不動産の税金
・不動産証券化の仕組み

また、令和4年度試験における講習受講による免除問題の主な出題テーマは下記のようなものでした。

・賃貸不動産経営管理士に求められるコンプライアンス
・賃貸住宅の入居者の募集(後期高齢者、身元確認書類など)
・保険(目的、地震保険、類焼被害対策、保険料率)
・不動産の税金(譲渡所得、固定資産税、青色申告の控除額)
・プロパティマネジメントとアセットマネジメント

なお、5問免除の範囲は変わる場合もありますので、講習修了者でも全範囲の学習をされることをおすすめします。

賃貸住宅管理業法

LESSON 1 賃貸住宅の定義

問1 □□

賃貸人と賃借人との間で賃貸借契約が締結されておらず、賃借人の募集中である家屋で、賃貸借契約の締結が予定される場合は、管理業法における賃貸住宅に該当する。

問2 □□

家屋等が建築中でも、竣工後に賃借人を募集する予定であり、居住の用に供することが明らかな場合は、管理業法における賃貸住宅に該当する。

問3 □□

マンションのように通常居住の用に供される一棟の家屋の一室について賃貸借契約を締結し、事務所としてのみ賃借されている場合は、管理業法における賃貸住宅に該当する。

問4 □□

一棟の家屋について、一部が事務所として事業の用に供され、一部が住宅として居住の用に供されているように複数の用に供されている場合、当該家屋のうち、賃貸借契約が締結され居住の用に供されている住宅については、管理業法における賃貸住宅に該当する。

プラス α

●家屋又は家屋の部分

賃貸住宅管理業法で定める「家屋」は、アパート一棟や戸建てなど↗

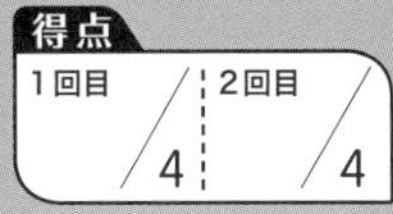

答1 ○ 賃貸借契約が**締結されていなくても**、人の居住の用に供する家屋等で賃借することを目的とするものであれば、賃借人（**入居者**）を募集中もしくは募集前であっても、賃貸借契約の締結が予定される場合、賃貸住宅に**該当する**（解釈・運用の考え方第２条第１項関係１（３））。➡ プラスα

2章 賃貸住宅管理業法

答2 ○ 家屋等が建築中でも、竣工後に賃借人を募集する予定であり、**居住の用**に供することが明らかな場合は、管理業法における賃貸住宅に**該当する**（解釈・運用の考え方第２条第１項関係１（３））。

答3 × 通常居住の用に供される一棟の家屋の**一室**について賃貸借契約を締結し、**事務所**としてのみ賃借されている場合は賃貸住宅に**該当しない**（解釈・運用の考え方第２条第１項関係１（３））。

答4 ○ 管理業法において、「賃貸住宅」とは、**賃貸の用**に供する住宅であり、これは、**人の居住の用**に供する家屋又は家屋の部分（管理業法２条１項）で、**賃貸借契約を締結して賃借すること**を目的としたものをいう。本問の場合、賃貸借契約が締結され居住の用に供されている住宅については、賃貸住宅に該当する（解釈・運用の考え方第２条第１項関係１（３））。

一棟をいい、「家屋の部分」については、マンションの一室といった家屋の一部のことをいう。

LESSON 2 管理業務・賃貸住宅管理業の登録

賃貸住宅の管理人から委託を受けて、賃貸住宅に係る家賃、敷金、共益費その他の金銭の管理を行う業務で、委託に係る賃貸住宅の維持保全を行う業務と併せて行わないものは、管理業法における管理業務にはあたらない。

管理業務には、賃貸住宅の維持保全に係る契約の締結の媒介、取次ぎ又は代理を行う業務が含まれるが、当該契約は賃貸人が当事者となるものに限られる。

賃貸住宅管理業を営もうとする者で、その事業の規模が、当該事業に係る賃貸住宅の戸数その他の事項を勘案して国土交通省令で定める規模未満であるときは、国土交通大臣の登録を受けなければ、賃貸住宅管理業を営むことができない。

不正の手段によって賃貸住宅管理業の国土交通大臣の登録を受けた者と、国土交通大臣の登録を受けずに賃貸住宅管理業を営んだ者は、1 年以下の懲役若しくは 100 万円以下の罰金に処せられ、又は、これを併科される。

プラスα

●賃貸住宅の維持保全

居室や、居室の使用と密接な関係にある部分の点検・清掃等を行↗

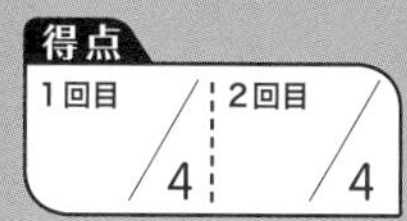

答1 ○

管理業法において、「管理業務」とは、賃貸住宅の賃貸人から委託を受けて、当該賃貸住宅に係る家賃、敷金、共益費その他の**金銭の管理**を行う業務で、委託に係る賃貸住宅の**維持保全**を行う業務と**併せて行う**ものをいう（管理業法2条2項2号）。➡ プラスα

「**取次ぎ**」には、賃貸住宅管理業者が自己の名で賃貸人のために維持・修繕業者に発注事務等を行う行為等が該当する。そのため当該契約は賃貸人が当事者になるものに**限られない**（解釈・運用の考え方第2条第2項関係3）。

賃貸住宅管理業を営もうとする者は、国土交通大臣の**登録**を受けなければならない。ただし、その事業の規模が、当該事業に係る賃貸住宅の戸数（**200**戸）その他の事項を勘案して国土交通省令で定める規模**未満**であるときは、登録を受けずに営むことが**できる**（管理業法3条1項）。

不正の手段によって賃貸住宅管理業の国土交通大臣の登録を受けた者と、国土交通大臣の**登録を受けず**に賃貸住宅管理業を営んだ者は、**1**年以下の懲役もしくは**100**万円以下の罰金に処せられ、又は、これを併科される（管理業法41条1号、2号）。

い、この結果を踏まえた修繕を一貫して行うこと。点検等と修繕のいずれか一方だけでは該当しない。

LESSON 3 賃貸住宅管理業の登録

国土交通大臣は、不正の手段によって賃貸住宅管理業の国土交通大臣の登録を受けた者の登録を取り消さなければならない。

賃貸住宅管理業の国土交通大臣の登録は、3年ごとにその更新を受けなければ、その期間の経過によって、その効力を失う。

賃貸住宅管理業の国土交通大臣の登録の更新の申請があった場合において、登録の有効期間の満了の日までにその申請に対する処分がされないときは、従前の登録は、登録の有効期間の満了後もその処分がされるまでの間は、なおその効力を有し、この場合において、登録の更新がされたときは、その登録の有効期間は、従前の登録の有効期間の満了の日の翌日から起算する。

国土交通大臣は、賃貸住宅管理業の登録の申請があったときは、登録拒否事由がある場合を除いて、登録を受けようとする者が法人であるときは、その役員の氏名を賃貸住宅管理業者登録簿に登録しなければならない。

プラスα **●登録の申請**
役員の氏名のほか、登録の申請には次の事項も必要となる。①商↗

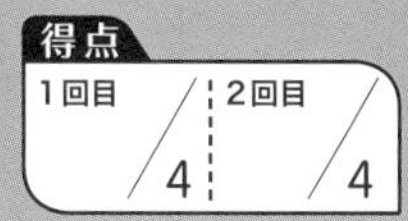

国土交通大臣は、不正の手段によって賃貸住宅管理業の国土交通大臣の登録を受けた者の登録を取り消すことが**できる**（管理業法23条1項2号）。取り消さなければ**ならないわけではない**。

賃貸住宅管理業の国土交通大臣の登録は、**5**年ごとにその**更新**を受けなければ、その期間の経過によって、その効力を**失う**（管理業法3条2項）。

賃貸住宅管理業の国土交通大臣の登録の更新の申請があった場合において、登録の有効期間の満了の日までにその申請に対する**処分がされない**ときは、従前の登録は、登録の有効期間の満了後、その**処分がされるまでの間**は、その効力を**有する**（管理業法3条3項）。この場合において、登録の更新がされたときは、その登録の有効期間は、従前の登録の有効期間の満了の日の**翌日**から起算する（同条4項）。

国土交通大臣は、登録の申請があったときは、**登録拒否事由**がある場合を除いて、登録を受けようとする者が**法人**であるときは、その**役員の氏名**を賃貸住宅管理業者登録簿に登録しなければならない（管理業法5条1項）。➡プラスα

号、名称又は氏名及び住所②未成年者である場合においては、その法定代理人の氏名及び住所③営業所又は事務所の名称及び所在地

LESSON 4 登録の拒否事由

禁錮以上の刑に処せられ、又は管理業法の規定により罰金の刑に処せられ、その執行を終わり、又は執行を受けることがなくなった日から起算して５年を経過しない者は、業務管理者になることができない。

国土交通大臣は、賃貸住宅管理業の登録を受けようとする者が、不正の手段により賃貸住宅管理業の登録を受けたことを理由として登録を取り消された法人において、当該取消しの日前60日以内に当該法人の役員であった者で当該取消しの日から５年を経過しないものであるときは、登録を拒否しなければならない。

賃貸住宅管理業の登録を受けようとする者が、営業に関し成年者と同一の行為能力を有しない未成年者で、その法定代理人が破産手続開始の決定を受けて復権を得ない者であることを理由として賃貸住宅管理業の登録を取り消され、その取消しの日から５年を経過していないものであるときは、国土交通大臣はその登録を拒否しなければならない。

プラスα ●登録拒否事由における年数
年数とともに賃貸住宅管理業の登録拒否事由が問われた場合、「5↗

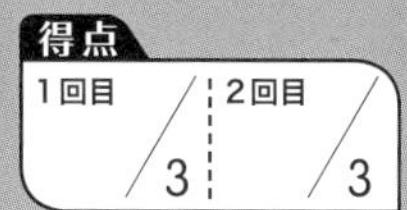

答1 ○

禁錮以上の刑に処せられ、又は管理業法の規定により罰金の刑に処せられ、その執行を終わり、又は執行を受けることがなくなった日から起算して**5**年を経過しない者は、業務管理者になることができない（管理業法12条4項、6条1項4号）。

答2 ×

国土交通大臣は、賃貸住宅管理業の登録を受けようとする者が、**不正の手段**により賃貸住宅管理業の登録を受けたことを理由として登録を取り消された法人において、当該取消しの日前**30**日以内に当該法人の役員であった者で当該取消しの日から**5**年を経過しないものであるときは、賃貸住宅管理業の登録を**拒否**しなければならない（管理業法6条1項3号、23条1項2号）。➡ プラスα

答3 ○

賃貸住宅管理業の登録を受けようとする者が、営業に関し成年者と同一の行為能力を有しない未成年者で、その法定代理人が**破産手続**開始の決定を受けて**復権を得ない**者であることを理由として賃貸住宅管理業の登録を取り消され、その取消しの日から**5**年を経過していないものであるときは、国土交通大臣はその登録を**拒否**しなければならない（管理業法6条1項2号、3号、7号、23条1項1号）。

年」という年数がキーワードとなる。「5年」でしっかり覚えよう。

LESSON 5 届出・業務管理者の選任

賃貸住宅管理業者である個人が死亡したときは、その相続人は、死亡の日から30日以内にその旨を国土交通大臣に届け出なければならない。

賃貸住宅管理業者である法人が合併及び破産手続開始の決定以外の理由により解散したときは、その法人を代表する役員であった者は、その日から30日以内にその旨を国土交通大臣に届け出なければならない。

賃貸住宅管理業者である法人が合併により消滅したときは、その法人の代表役員であった者が国土交通大臣に届け出なくても、賃貸住宅管理業の登録は効力を失う。

賃貸住宅管理業者は、その営業所又は事務所ごとに、1人以上の業務管理者を選任して、当該営業所又は事務所における業務に関し、賃貸住宅の入居者の居住の安定及び賃貸住宅の賃貸に係る事業の円滑な実施を確保するため必要な国土交通省令で定める事項についての管理及び監督に関する事務を行わせなければならない。

プラスα

●登録簿の記載事項に変更があった場合

登録簿の記載事項に変更があった場合、30日以内にその旨を届↗

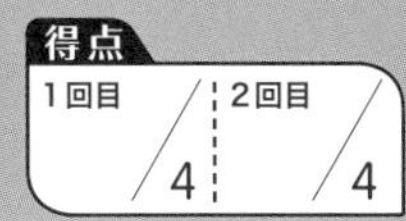

答1 ×

管理業者である個人が死亡したときは、その相続人は、**死亡の事実を知った日**から**30**日以内にその旨を国土交通大臣に届け出なければならない(管理業法9条1項、同項1号)。➡プラスα

答2 ×

管理業者である法人が合併及び破産手続開始の決定以外の理由により解散したときは、**清算人**は、その日から**30**日以内にその旨を国土交通大臣に届け出なければならない（管理業法9条1項4号)。

答3 ○

管理業者である法人が合併により消滅したときは、その法人の代表役員であった者が国土交通大臣に届け出なくても、その時点で管理業の登録は**効力を失う**（管理業法9条2項)。

答4 ○

管理業者は、営業所又は事務所ごとに、**1**人以上の**業務管理者**を選任して、当該営業所又は事務所における業務に関し、**管理受託契約**（管理業務の委託を受けることを内容とする契約）の内容の明確性、**管理業務**として行う賃貸住宅の維持保全の実施方法の妥当性その他の賃貸住宅の入居者の居住の安定及び賃貸住宅の賃貸に係る事業の円滑な実施を確保するため必要な国土交通省令で定める事項についての**管理**及び**監督**に関する事務を行わせなければならない（管理業法12条1項)。

け出なければならない。この変更の届出を行わなかった場合等は、30万円以下の罰金に処せられる。

LESSON 6 管理受託契約(1)

問1 賃貸住宅管理業者は、その営業所又は事務所の業務管理者として選任した者の1人でも欠けたときは、新たに業務管理者を選任するまでの間は、その営業所又は事務所において管理受託契約を締結してはならない。

問2 賃貸住宅管理業者は、管理受託契約を締結しようとするときは、管理業務を委託しようとする賃貸住宅の賃貸人に対し、当該管理受託契約を締結するまでに、管理受託契約の内容及びその履行に関する事項であって国土交通省令で定めるものについて、書面を交付して説明しなければならないが、管理業務を委託しようとする賃貸住宅の賃貸人が管理業者である者のときは、書面を交付して説明しなくてもよい。

問3 管理受託契約重要事項説明は、業務管理者が行わなければならない。

問4 管理受託契約重要事項説明は、原則として管理受託契約の締結とできるだけ近接した時期に行うことが望ましい。

プラスα **●重要事項説明が不要となる賃貸人**
次の①～⑧の賃貸人には重要事項説明が不要となる。①賃貸住宅↗

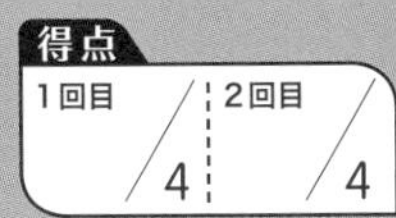

答1 ×

営業所もしくは事務所の業務管理者として選任した者の**すべて**が賃貸住宅管理業務の**登録の拒否事由**のいずれかに該当し、又は選任した者の**すべてが欠けた**ときは、新たに業務管理者を選任するまでの間は、その営業所又は事務所において管理受託契約を締結してはならない(管理業法12条2項)。

答2 ○

管理業者は、管理受託契約を締結しようとするときは、管理業務を委託しようとする賃貸住宅の賃貸人に対し、当該管理受託契約を締結するまでに、一定の事項について、**書面を交付して説明**(「管理受託契約重要事項説明」)しなければならない。しかし、その賃貸人が、**管理業者**である者その他の管理業務に係る専門的知識及び経験を有する一定のもののときは、書面を交付して説明**しなくてもよい**(管理業法13条1項)。➡プラスα

答3 ×

管理受託契約重要事項説明を行う説明者については、管理業法上制約はなく、**業務管理者でなくてもよい**。

答4 ×

管理受託契約重要事項説明は、原則として賃貸人が契約内容を**十分に理解**したうえで契約を締結できるよう、説明から契約締結までに**1週間程度の期間**をおくことが望ましい(解釈・運用の考え方第13条関係1)。

管理業者②特定転貸事業者③宅建業者④特定目的会社⑤組合⑥賃貸住宅に係る信託の受託者⑦独立行政法人都市再生機構⑧地方住宅供給公社

LESSON 7 管理受託契約(2)

管理受託契約に定める報酬額を契約期間中に変更する場合は、事前説明をせずに変更契約を締結することができる。

報酬並びにその支払の時期及び方法は、管理受託契約重要事項説明において説明しなければならない。

管理受託契約を締結する賃貸住宅管理業者の商号、名称又は氏名並びに登録年月日及び登録番号は、管理受託契約重要事項説明において説明しなければならない。

賃貸住宅管理業者は、管理受託契約を締結したときは、管理業務を委託する賃貸住宅の賃貸人に対し、遅滞なく、管理業務の対象となる賃貸住宅、管理業務の実施方法等を記載した書面を交付しなければならない。契約の解除に関する定めがないときはその旨も記載しなければならない。

プラスα

●管理受託契約締結時の書面の交付

管理受託契約の契約締結前には管理受託契約重要事項説明書を交↗

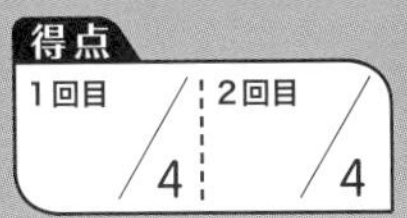

答1 ×

管理受託契約に定める**報酬額**は管理受託契約重要事項説明における説明事項であり、契約期間中に説明事項に変更がある場合には、少なくとも変更のある事項について、契約締結前の重要事項説明と同様、書面の交付等をしたうえで**説明する**（解釈・運用の考え方第13条関係1）。

答2 ○

報酬の額並びにその**支払の時期**及び**方法**は、管理受託契約重要事項説明における説明事項である(管理業法13条1項、施行規則31条4号)。

答3 ○

「管理受託契約を締結する賃貸住宅管理業者の**商号**、**名称**又は**氏名**並びに**登録年月日**及び**登録番号**」は、管理受託契約重要事項説明における説明事項である(管理業法13条1項、施行規則31条1号)。

答4 ×

管理業者は、管理受託契約を締結したときは、管理業務を委託する賃貸住宅の賃貸人に対し、**遅滞なく**、①管理業務の対象となる**賃貸住宅**、②管理業務の**実施方法**、③**契約期間**に関する事項、④**報酬**に関する事項、⑤契約の**更新**又は**解除**に関する定めがあるときは、その内容、⑥その他国土交通省令で定める事項を記載した書面を交付しなければならない（管理業法14条1項）。契約の解除に関する定めがない場合、その旨の記載は**不要**である。➡ プラスα

付するが、これとは別に、締結時には管理受託契約締結時書面を交付する。これらの書面を一体で交付することはできない。

LESSON 8 標準管理受託契約書

問1 □□

未収金回収の紛争対応は、賃貸住宅標準管理受託契約書（以下「標準管理受託契約書」という）にて賃貸住宅管理業者に代理権が授与されている事項に含まれない。

問2 □□

賃貸借契約の更新は、標準管理受託契約書にて賃貸住宅管理業者に代理権が授与されている事項に含まれない。

問3 □□

修繕の費用負担についての入居者との協議は、標準管理受託契約書にて賃貸住宅管理業者に代理権が授与されている事項に含まれない。

問4 □□

賃貸借契約の終了に伴う原状回復についての入居者との協議は、標準管理受託契約書にて賃貸住宅管理業者に代理権が授与されている事項に含まれない。

問5 □□

敷金その他一時金並びに賃料、共益費及び附属施設使用料の徴収は、標準管理受託契約書にて賃貸住宅管理業者に代理権が授与されている事項に含まれる。

問6 □□

賃貸借契約に基づいて行われる入居者（借主）から委託者（貸主）への通知の受領は、標準管理受託契約書にて賃貸住宅管理業者に代理権が授与されている事項に含まれる。

プラスα

●代理権が授与されるもののうち委託者の承諾が必要となるもの

管理業者は①賃貸借契約の更新②修繕の費用負担についての入居↗

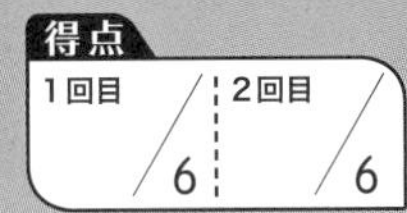

未収金回収の紛争対応は、代理権が授与されている事項に**含まれていない**。なお、未収金の**督促**は、同契約書において賃貸住宅管理業者に代理権が授与されている事項である。

賃貸借契約の更新は、代理権が授与されている事項に**含まれる**。➡プラスα

修繕の費用負担についての入居者（借主）との協議は、代理権が授与されている事項に**含まれる**。

原状回復についての入居者（借主）との協議は、代理権が授与されている事項に**含まれる**。

敷金その他一時金並びに賃料、共益費及び附属施設使用料の徴収は、代理権が授与されている事項に**含まれる**。

答6 ○

賃貸借契約に基づいて行われる入居者（借主）から委託者（貸主）への通知の受領は、代理権が授与されている事項に**含まれる**。

者との協議③賃貸借契約の終了に伴う原状回復についての入居者との協議を実施する場合、内容を事前に委託者と協議し、承諾を求める必要がある。

管理業者の遵守事項(1)

問1 □□

賃貸住宅管理業者は、委託者から委託を受けた管理業務の一部を他の者に対し、再委託することができる。

問2 □□

賃貸住宅管理業者は、その業務に従事する使用人に、その従業者であることを証する証明書を携帯させなければ、その者をその業務に従事させてはならず、管理業者の使用人は、その業務を行うに際しては、委託者から請求がないときでも、その証明書を提示しなければならない。

問3 □□

賃貸住宅管理業者は、その営業所又は事務所ごとに、その業務に関する帳簿を備え付け、委託者ごとに管理受託契約について契約年月日その他の国土交通省令で定める事項を記載し、これを保存しなければならないが、帳簿を備え付けていなくても、罰金に処せられることはない。

プラスα

●帳簿の備え付けの保存期間

管理業者は、営業所又は事務所ごとに、業務に関する帳簿を備え↗

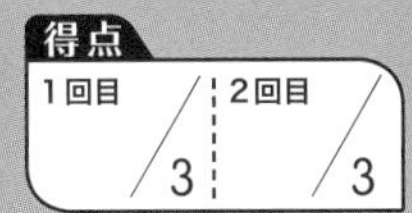

答1

管理業者は、委託者から委託を受けた管理業務の一部を再委託することが**できる**。ただし、管理業務の全部を他の者に対し、再委託することは**できない**（管理業法15条）。

答2

管理業者は、国土交通省令で定めるところにより、その業務に従事する**使用人**その他の**従業者**に、その従業者であることを証する**証明書**を携帯させなければ、その者をその業務に従事させてはならない（管理業法17条1項）。また、管理業者の使用人その他の従業者は、その業務を行うに際し、委託者その他の関係者から請求が**あったとき**は、**証明書を提示**しなければならない（同条2項）。

答3

管理業者は、その**営業所**又は**事務所ごと**に、その業務に関する帳簿を備え付け、**委託者ごと**に管理受託契約について契約年月日その他の国土交通省令で定める事項を記載し、これを**保存**しなければならない（管理業法18条）。帳簿を備え付けず、帳簿に記載せず、もしくは帳簿に虚偽の記載をし、又は帳簿を保存しなかったときは、その違反行為をした者は、**30**万円以下の**罰金**に処せられる（同法44条6号）。➡プラスα

付け、この帳簿は各事業年度の末日をもって閉鎖し、閉鎖後、5年間保存しなければならない。

LESSON 10 管理業者の遵守事項(2)

管理業者は、その営業所又は事務所ごとに、公衆の見やすい場所に、国土交通省令で定める様式の標識を掲げなければならず、標識を掲げていない者は、30 万円以下の罰金に処せられる。

賃貸住宅管理業者は、営業所又は事務所ごとに掲示しなければならない標識について公衆の見やすい場所を確保できない場合、インターネットのホームページに掲示することができる。

賃貸住宅管理業者は、賃貸住宅管理業を営まなくなった後においても、正当な理由がある場合でなければ、その業務上取り扱ったことについて知り得た秘密を他に漏らしてはならない。

賃貸住宅管理業者の代理人、使用人その他の従業者は、正当な理由がある場合でなければ、賃貸住宅管理業の業務を補助したことについて知り得た秘密を他に漏らしてはならないが、管理業者の代理人、使用人その他の従業者でなくなった後は、正当な理由がなくても、賃貸住宅管理業の業務を補助したことについて知り得た秘密を他に漏らしてもよい。

プラスα

●標識の掲示

標識の掲載事項は①登録番号、②登録年月日、③登録の有効期↗

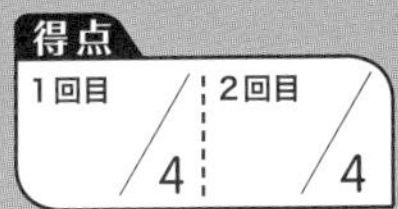

答1 ○

その営業所又は事務所ごとに、**公衆の見やすい場所**に、国土交通省令で定める様式の標識を掲げなければならない（管理業法19条）。また、標識の掲示義務に違反した者は、**30**万円以下の罰金に処せられる（同法44条5号）。➡ プラスα

答2 ×

標識について公衆の見やすい場所を確保できない場合であっても、インターネットのホームページへの掲示により代替することが**できない**。

答3 ○

管理業者は、**正当な理由**がある場合でなければ、その業務上取り扱ったことについて知り得た秘密を他に漏らしてはならない。賃貸住宅管理業を**営まなくなった後**においても、同様である（管理業法21条1項）。

答4 ×

管理業者の代理人、使用人その他の従業者は、**正当な理由**がある場合でなければ、賃貸住宅管理業の業務を補助したことについて知り得た秘密を他に漏らしてはならない。管理業者の代理人、使用人その他の**従業者でなくなった後**においても、同様である（管理業法21条2項）。

間、④商号・名称又は氏名、⑤主たる営業所又は事務所の所在地（電話番号含む）である。

LESSON 11 監督等

国土交通大臣は、賃貸住宅管理業の適正な運営を確保するため必要があると認めるときは、その必要の限度において、賃貸住宅管理業者に対し、業務の方法の変更を命ずることができる。

国土交通大臣は、賃貸住宅管理業者が、その営む賃貸住宅管理業に関し業務改善命令に違反するときは、その登録を取り消すことができるが、1年以内の期間を定めてその業務の全部の停止を命ずることはできない。

国土交通大臣は、賃貸住宅管理業者が登録を受けてから1年以内に業務を開始しないときは、その登録を取り消すことができるが、賃貸住宅管理業者が引き続き1年以上業務を行っていないと認めるときであっても、その登録を取り消すことはできない。

国土交通大臣は、業務停止命令を発したときは、遅滞なく、その旨を賃貸住宅管理業者に通知しなければならないが、その理由を示して通知する必要はない。

プラスα ●業務停止命令の罰則
管理業者が業務停止命令に違反した場合や、特定転貸事業者等が↗

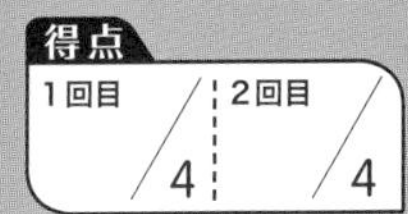

答1

国土交通大臣は、賃貸住宅管理業の適正な運営を確保するため必要があると認めるときは、その必要の限度において、管理業者に対し、業務の**方法の変更**その他業務の運営の**改善**に必要な措置をとるべきことを命ずることができる（「業務改善命令」管理業法22条）。

答2

国土交通大臣は、管理業者がその営む賃貸住宅管理業に関し法令又は業務改善命令もしくは業務停止命令に違反したときは、その登録を**取り消し**、又は1年以内の期間を定めてその業務の全部もしくは一部の停止を命ずることが**できる**（管理業法23条1項3号、22条）。➡プラスα

答3

国土交通大臣は、管理業者が登録を受けてから1年以内に業務を開始せず、又は引き続き1年以上業務を行っていないと認めるときは、その登録を取り消すことが**できる**（管理業法23条2項）。

答4 ×

国土交通大臣は、業務停止命令を発したときは、遅滞なく、その**理由**を示して、その旨を当該処分に係る**賃貸住宅管理業者**に通知しなければならない（管理業法23条3項、6条2項）。

不当な勧誘等の禁止に違反した場合等は、6か月以下の懲役もしくは50万円以下の罰金に処せられ、又はこれらが併科される可能性がある。

LESSON 12 登録の抹消等

問1 □□

国土交通大臣は、登録の取消し等をしたときは、その旨を公告する必要はない。

問2 □□

登録の有効期間の経過や廃業により登録が効力を失ったとき、又は賃貸住宅管理業の登録が取り消されたときは、国土交通大臣は登録を抹消しなければならない。

問3 □□

国土交通大臣は、賃貸住宅管理業の適正な運営を確保するため必要があると認めるときは、賃貸住宅管理業者に対し、その業務に関し報告を求めることができるが、その職員に、賃貸住宅管理業者の事務所に立ち入り、その業務の状況若しくは設備、帳簿書類その他の物件を検査させ、関係者に質問させることはできない。

問4 □□

登録が取り消されたときは、当該登録に係る賃貸住宅管理業者であった者は、当該管理業者が締結した管理受託契約に基づく業務を結了する目的の範囲内においては、なお管理業者とみなされる。

プラスα

●報告徴収及び立入検査の罰則

国土交通大臣からの求めに対して、報告をしない・虚偽の報告を↗

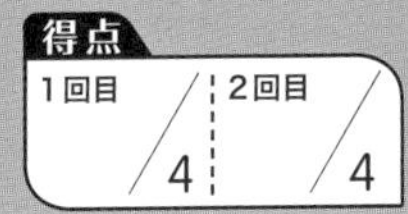

答1 ×

国土交通大臣は、管理業法23条1項又は2項の規定による処分（**登録の取消し**、1年以内の業務の全部もしくは一部の**停止**）をしたときは、その旨を公告**しなければならない**（同法25条）。

答2 ○

国土交通大臣は、登録の**有効期間の経過**もしくは**廃業**により登録がその効力を失ったとき、又は**登録を取り消した**ときは、当該登録を**抹消**しなければならない（管理業法24条、3条2項、9条2項、23条1項、2項）。

答3 ×

国土交通大臣は、必要があると認めるときは、賃貸住宅管理業者に対し、その業務に関し**報告**を求め、又はその職員に、賃貸住宅管理業者の営業所、事務所その他の施設に**立ち入り**、その業務の状況もしくは設備、帳簿書類その他の物件を**検査**させ、もしくは関係者に**質問**させることが**できる**（管理業法26条1項）。➡ プラスα

答4 ○

登録の**更新**をしなかったとき、登録が**効力**を失ったとき、又は登録が**取り消された**ときは、当該登録に係る管理業者であった者又はその一般承継人は、当該管理業者が締結した管理受託契約に基づく業務を**結了する目的の範囲内**（管理受託契約に基づき行っている管理業務が終了するまで等）においては、なお管理業者とみなす（管理業法27条）。

する、検査を拒む・妨げる・忌避する、質問に対し答弁しない・虚偽の答弁をする、という違反行為をした場合、30万円以下の罰金に処せられる。

LESSON 13

特定賃貸借契約(マスターリース契約)

個人が賃借した賃貸住宅について、一時的に第三者に転貸するような場合は、管理業法の特定賃貸借契約に該当しない。

賃貸人が個人である場合、賃貸人が取締役になっている株式会社を賃借人とする賃貸住宅の賃貸借契約は、特定賃貸借契約には該当しない。

賃貸人が株式会社である場合、賃貸人の親会社(会社法に規定のもの)を賃借人とする賃貸住宅の賃貸借契約は、特定賃貸借契約に該当する。

●特定転貸事業者

賃貸住宅管理業法において、特定転貸事業者(サブリース業者)と↗

答1 ○ 管理業法の特定賃貸借契約とは、賃貸住宅の**賃貸借契約**（賃借人が人的関係、資本関係その他の関係において賃貸人と密接な関係を有する者として国土交通省令で定める者であるものを除く。）であって、賃借人が当該賃貸住宅を**第三者に転貸する事業**を営むことを目的として締結されるものをいう（管理業法２条４項）。個人が賃借した賃貸住宅を、一時的に第三者に転貸するような場合は、管理業法の特定賃貸借契約には該当**しない**とされている（解釈・運用の考え方第２条第４項関係１）。

答2 ○ 賃貸住宅の賃貸借契約において、賃借人が人的関係、資本関係その他の関係において賃貸人と**密接**な関係を有する者として国土交通省令で定める者であるものは、管理業法の特定賃貸借契約に該当**しない**（管理業法２条４項かっこ書き）。また、賃貸人が個人である場合、賃貸人の親族、又は、賃貸人又はその親族が役員である法人が賃借人となる賃貸借契約は、特定賃貸借契約から**除外**される（施行規則２条１号）。

答3  賃貸人が会社（会社法２条１号）である場合、賃貸人の親会社（同条４号）が賃借人となる賃貸借契約は、特定賃貸借契約から**除外**される（管理業法施行規則２条２号イ）。

は、特定賃貸借契約（マスターリース契約）に基づき賃借した賃貸住宅を第三者に転貸する事業を営む者をいう。

LESSON 14 勧誘者

管理業法における「勧誘者」とは、特定転貸事業者とどのような関係を有するかを問わず、特定転貸事業者が特定賃貸借契約の締結についての勧誘を行わせる者である。

管理業法における「勧誘者」とは、特定転貸事業者から明示的に委託を受けて勧誘を行う者であり、明示的に勧誘を委託されていない者は含まれない。

勧誘者が勧誘行為を第三者に再委託した場合、再委託を受けた第三者も勧誘者に該当する。

個人のファイナンシャルプランナーが、特定転貸事業者から勧誘の委託を受けて、その事業者との特定賃貸借契約の内容や条件等を前提とした資産運用の企画提案を行ったり、特定賃貸借契約を締結することを勧めたりする場合は、管理業法における勧誘者に該当しうる。

プラス α

●勧誘者

建設業者や金融機関等の法人が、サブリース業者から勧誘の委託↗

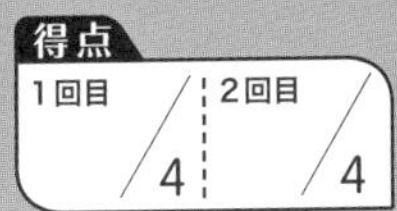

答1 ×

管理業法における「**勧誘者**」とは、①特定転貸事業者（サブリース業者）と**特定**の関係性を**有し**、②特定転貸事業者が特定賃貸借契約（マスターリース契約）の締結についての**勧誘を行わせる**者である（管理業法 28 条、解釈・運用の考え方第 28 条関係 1）。

答2 ×

管理業法における「勧誘者」とは、特定転貸事業者から**明示的**に**委託**を受けて勧誘を行う者、又は明示的に勧誘を委託されてはいないが、特定転貸事業者から勧誘を行うよう**依頼**をされたり、勧誘を任されたりしている者である（解釈・運用の考え方第 28 条関係 1、サブリースガイドライン 3（2））。➡ プラスα

答3 ○

管理業法における勧誘者が、勧誘行為を第三者に再委託した場合、再委託を受けた第三者も勧誘者に**該当する**（解釈・運用の考え方第 28 条関係 1）。

答4 ○

ファイナンシャルプランナーやコンサルタント等の個人が、特定転貸事業者から勧誘の**委託**を受けて、その事業者との特定賃貸借契約の内容や条件等を前提とした資産運用の**企画提案**を行ったり、特定賃貸借契約を締結することを勧めたりする場合は、管理業法における勧誘者に**該当しうる**（サブリースガイドライン 3（3））。

を受けて、サブリース業者とのマスターリース契約の内容や条件等を前提とした資産運用の企画提案を行ったりする場合も該当しうる。

LESSON 15 誇大広告等の禁止

実際の周辺相場について調査していなかったが、「周辺相場より高い家賃で借り上げ」と表示したことは、特定転貸事業者が特定賃貸借契約の条件について広告をする際に禁止される行為に該当する。

大規模修繕積立金として月々の家賃から一定額を差し引く一方、日常修繕の費用負担は賃貸人に求めない予定であったため、「修繕費負担なし」と表示したことは、特定転貸事業者が特定賃貸借契約の条件について広告をする際に禁止される行為に該当する。

「家賃保証」との表示は、実際の特定賃貸借契約において定期的な家賃の見直しが予定されていないことを隣接する箇所に表示していれば、禁止される誇大広告等に該当しない。

良好な経営実績が確保されたとの体験談を用いる広告については、「個人の感想です。経営実績を保証するものではありません。」といった打消し表示を明瞭に記載したとしても、誇大広告に該当する可能性がある。

プラスα

●誇大広告等の禁止

実際の契約条件よりも良い条件だと一般消費者に誤認させるおそ↗

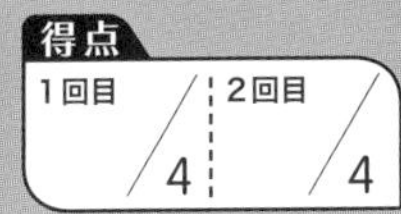

答1 ○

実際の周辺相場について調査していなかったなど、**根拠のない**算出基準で算出した家賃をもとに、「周辺相場より高い家賃で借り上げ」と表示することは、管理業法28条で禁止される誇大広告等に**該当する**（サブリースガイドライン4（7））。

➡ プラスα

答2 ○

大規模修繕積立金として月々の家賃から一定額を差し引く一方、日常修繕の費用負担は賃貸人に求めない予定であったため、「修繕費負担なし」と表示することは、実際には修繕費負担があるにもかかわらずこれがないものと表示するものであり、誇大広告等に**該当する**。

答3 ×

広告において「家賃保証」等の表示を行う場合は、隣接する箇所に、**定期的な家賃の見直し**がある場合にはその旨**及び**借地借家法第32条の規定により**家賃が減額されることがあること**を表示することとされている（サブリースガイドライン4（3）①）。

答4 ○

体験談を用いる広告について打消し表示が明瞭に記載されていても、体験談とは異なる経営実績となっている事例が一定数存在する場合などには、誇大広告に該当する可能性が**ある**（サブリースガイドライン4（4））。

れのあること、著しく事実に相違する表示をすること、ある事項を表示しないことにより結果として誤認させることなどが禁止されている。

LESSON 16 不当な勧誘等の禁止

特定転貸事業者及び勧誘者は、特定賃貸借契約の締結の勧誘をするに際し、特定賃貸借契約の相手方となろうとする者に対して、当該特定賃貸借契約に関する事項であって特定賃貸借契約の相手方となろうとする者の判断に影響を及ぼすこととなる重要なものについて故意に事実を告げない行為は、禁止されている。

特定転貸事業者及び勧誘者は、特定賃貸借契約の解除を妨げるため、特定賃貸借契約の相手方に対し、当該特定賃貸借契約に関する事項であって特定賃貸借契約の相手方の判断に影響を及ぼすこととなる重要なものにつき、故意に不実のことを告げる行為をした場合、実際には特定賃貸借契約の相手方が契約の解除を妨げられなかったとしても、管理業法の不当な勧誘等の禁止違反となる。

特定転貸事業者及び勧誘者は、特定賃貸借契約の締結について相手方となろうとする者に迷惑を覚えさせるような時間に訪問により勧誘する行為は禁止されているが、電話により勧誘する行為は禁止されていない。

特定賃貸借契約の締結又は更新の勧誘を受けることを希望しない旨の意思を表示した相手方又は相手方となろうとする者に対して、執ように勧誘する行為は禁止されている。

プラスα

●迷惑を覚えさせる時間

一般的には、オーナー等に承諾を得ている場合を除き、特段の理↗

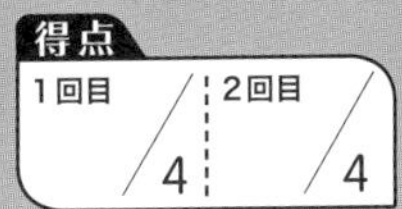

答1
○

当該特定賃貸借契約に関する事項であって特定賃貸借契約の相手方となろうとする者の判断に影響を及ぼすこととなる重要なものにつき、**故意に事実を告げず**、又は**不実のことを告げる**行為は禁止されている（「不当な勧誘等の禁止」管理業法29条1号）。

答2
○

管理業法が禁止する不当な勧誘等の禁止は、事実の**不告知**と**不実の告知**があれば足り、実際に特定賃貸借契約が締結されたか否か、実際に特定賃貸借契約の相手方が契約解除を妨げられたかは**問わない**（解釈・運用の考え方第29条関係1・2、サブリースガイドライン5（2）・（3））。

答3
×

特定転貸事業者及び勧誘者は、特定賃貸借契約の**締結**又は**更新**について、相手方等に**迷惑**を覚えさせるような時間に**電話**又は**訪問**により勧誘する行為が禁止されている。➡ プラスα

答4
○

締結又は更新をしない旨の意思（当該契約の締結又は更新の勧誘を受けることを希望しない旨の意思を含む。）を表示した相手方等に対して**執ように勧誘**する行為は禁止されている。

由がなく、午後9時から午前8時までの時間帯に電話勧誘又は訪問勧誘を行うことは、「迷惑を覚えさせるような時間」の勧誘に該当する。

LESSON 17

特定転貸事業者の監督・締結前の重要事項説明

国土交通大臣は、特定転貸事業者が国土交通大臣の指示に従わない場合でも、特定賃貸借契約に関する業務の全部の停止を命じることはできない。

国土交通大臣は、勧誘者が不当な勧誘等の禁止に違反した場合であって、特定賃貸借契約の適正化を図るため特に必要があるときは、その勧誘者に対し、1年以内の期間を限り、特定賃貸借契約の締結について勧誘を行うことを停止すべきことを命ずることができる。

特定転貸事業者及び勧誘者は、特定賃貸借契約を締結しようとするときは、特定賃貸借契約の相手方となろうとする者に対し、当該特定賃貸借契約を締結するまでに、特定賃貸借契約の内容及びその履行に関する事項であって国土交通省令で定めるものについて、書面を交付して説明しなければならない。

プラスα

●特定賃貸借契約の重要事項説明のタイミング

重要事項説明から契約締結まで1週間程度の期間をおいたり、事↗

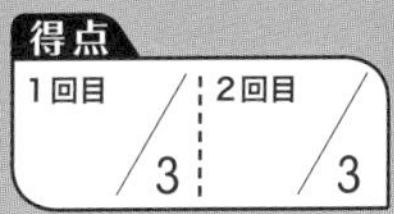

国土交通大臣は、特定転貸事業者が国土交通大臣の指示に従わないとき、1年以内の期間で、特定賃貸借契約に関する業務の**全部**又は一部の停止を命じることが**できる**（管理業法34条1項）。

国土交通大臣は、勧誘者が不当な勧誘等の禁止に違反した場合であって、特定賃貸借契約の適正化を図るため**特に必要があるとき**は、その勧誘者に対し、1年以内の期間を限り、特定賃貸借契約の締結について勧誘を行うことを停止すべきことを命ずることが**できる**（管理業法34条2項）。

特定賃貸借契約を締結しようとするときは、特定賃貸借契約の相手方となろうとする者に対し、当該特定賃貸借契約を**締結**するまでに、特定賃貸借契約の**内容**及びその**履行**に関する事項であって国土交通省令で定めるものについて、**書面を交付**して説明しなければならないとされているが、この義務は、**特定転貸事業者**だけに課されているものである（「特定賃貸借契約の締結前の書面の交付」管理業法30条1項）。➡プラスα

2章 賃貸住宅管理業法

前に重要事項説明書等を送付するなどして、オーナーとなろうとする者が契約締結の判断を行うまでに十分な時間をとることが望ましい。

LESSON 18

特定賃貸借契約締結前の重要事項説明

問1 特定賃貸借契約の対象となる賃貸住宅の面積は、特定転貸事業者が特定賃貸借契約を締結しようとするときに契約の相手方となろうとする者に説明しなければならない事項である。

問2 特定賃貸借契約の相手方に支払う家賃の設定根拠は、特定転貸事業者が特定賃貸借契約を締結しようとするときに契約の相手方となろうとする者に説明しなければならない事項である。

問3 特定転貸事業者が賃貸住宅の維持保全を行う回数や頻度は、特定転貸事業者が特定賃貸借契約を締結しようとするときに契約の相手方となろうとする者に説明しなければならない事項である。

問4 特定転貸事業者が、特定賃貸借契約を締結しようとする際に行う相手方への説明に関し、相手方とは、既に別の賃貸住宅について特定賃貸借契約を締結していたため、その契約と同じ内容については特定賃貸借契約重要事項説明書への記載を省略することは不適切ではない。

プラスα

●説明を行う者

重要事項の説明義務は、特定転貸事業者が負う。説明を行う者に↗

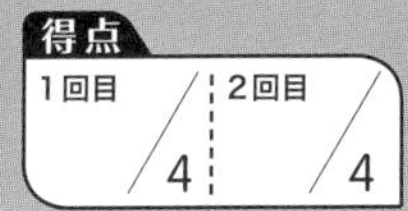

答1 ○

特定賃貸借契約の対象となる賃貸住宅については、特定賃貸借契約を締結しようとする時の説明事項に**該当**し、その具体的な内容として、「賃貸住宅の所在地、物件の名称、構造、**面積**」などが該当する。➡ プラスα

答2 ○

「特定賃貸借契約の相手方に支払う家賃の額、家賃の**設定根拠**、支払期限、支払方法、家賃改定日等」は、特定賃貸借契約を締結しようとするときの説明事項に**該当する**。

答3 ○

「特定転貸事業者が賃貸住宅の維持保全を行う**回数や頻度**」は、特定賃貸借契約を締結しようとするときの説明事項に**該当する**。

答4 ×

特定賃貸借契約の相手方となろうとする者との間で、すでに別の賃貸住宅について特定賃貸借契約を締結しており、その契約と同じ内容の事項であっても、特定賃貸借契約重要事項説明書への記載を省略することは**できない**。

ついて法律上の定めはないが、一定の実務経験を有する者や賃貸不動産経営管理士などによって行われることが望ましいとされている。

LESSON 19 特定賃貸借標準契約書

特定賃貸借標準契約書では、賃貸住宅内の修繕を借主が実施するとしている場合には、転貸借契約終了時の賃貸住宅内の修繕は、貸主と協議をすることなく借主がその内容及び方法を決定することができるとされている。

特定賃貸借標準契約書では、転貸借契約を定期建物賃貸借にするか否かは、借主と転借人との間の合意により自由に決定することができるとされている。

特定賃貸借標準契約書では、転貸借契約から生じる転借料と転借人から交付された敷金は、借主の固有の財産及び他の貸主の財産と分別したうえで、まとめて管理することができるとされている。

特定賃貸借標準契約書では、借主が賃貸住宅の維持保全をするにあたり、特定賃貸借契約締結時に貸主から借主に対し必要な情報の提供がなかったことにより借主に損害が生じた場合には、その損害につき貸主に負担を求めることができるとされている。

プラスα

●修繕の通知

特定賃貸借標準契約書では、貸主が賃貸住宅の修繕を行う場合に↗

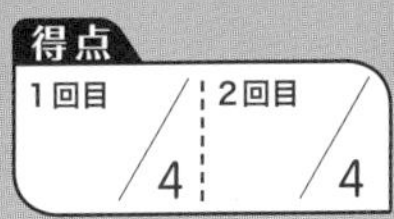

答1

特定賃貸借標準契約書では、賃貸住宅内の修繕を借主が実施するとしている場合には、その内容及び方法についてあらかじめ貸主と**協議**して行うものとされている（同契約書11条9項）。よって、転貸借契約終了時の賃貸住宅内の修繕であっても、貸主と協議をすることなく借主がその内容及び方法を決定することは**できない**。➡プラスα

答2

特定賃貸借標準契約書では、転貸借契約を定期建物賃貸借にするか否かについて借主と転借人との間の**合意**により自由に決定することができるとはされて**いない**。

答3

×

特定賃貸借標準契約書では、転借人から交付された敷金について、借主は、整然と管理する方法により、自己の固有財産及び他の賃貸人の財産と**分別して**管理しなければならないとされている（同契約書9条3項）。転借料は、自己の固有財産にあたるため、まとめて管理することは**できない**。

答4

特定賃貸借標準契約書では、貸主は、借主が適切な維持保全を行うために必要な**情報を提供**しなければならないとされ、貸主がこの情報提供義務を怠ったことにより借主に損害が生じた場合には、その損害は**貸主**が負担するものとされている（同契約書3条2項、3項）。

は、貸主はあらかじめ借主を通じて、その旨を転借人に通知しなければならないとされている。

LESSON 20 貸主への報告

問1 □□

特定賃貸借標準契約書によれば、特定転貸事業者は、貸主との合意に基づき定めた期日において、賃貸住宅の維持保全の実施状況や転貸条件の遵守状況、転借人からの転借料の収納状況について、貸主に対し書面を交付して定期報告を行わなければならない。

問2 □□

特定賃貸借標準契約書によれば、特定転貸事業者の貸主への報告に関し、貸主は、借主との合意に基づき定めた期日以外であっても、必要があると認めるときは、借主に対し、維持保全の実施状況に関して報告を求めることができる。

問3 □□

特定賃貸借標準契約書によれば、特定転貸事業者は、修繕を必要とする箇所を発見した場合、それが緊急を要する状況ではなかったときには、定期報告において貸主に書面を交付して報告を行うことができる。

問4 □□

特定賃貸借標準契約書によれば、特定転貸事業者は、自然災害が発生し緊急に修繕を行う必要が生じたため、貸主の承認を受ける時間的な余裕がなく、承認を受けずに当該業務を実施したときは、貸主への報告をする必要はない。

プラスα **●書類の提示**

特定賃貸借標準契約書に定める定期報告において、貸主は、借主↗

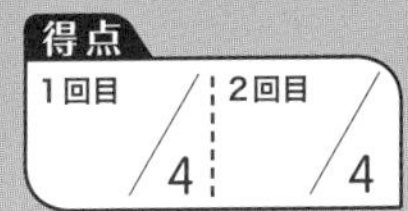

答1 ×

借主は、貸主との合意に基づき定めた期日に、貸主に対し、賃貸住宅の維持保全の実施状況や転貸条件の遵守状況について、**定期報告**を行わなければならないとされているが、書面を交付して行わなければならないとは**されていない**。また、転借人からの転借料の収納状況は、定期報告事項とは**されていない**。➡ プラスα

答2 ○

貸主は、借主との合意に基づき定めた期日**以外**であっても、必要があると認めるときは、借主に対し、維持保全の実施状況に関して報告を求めることが**できる**とされている。

答3 ×

緊急を要する状況ではなかったときであっても、借主は、修繕が必要な箇所を発見した場合には、その旨を速やかに**貸主に通知**し、修繕の必要性を**協議**するものとされている。

答4 ×

災害又は事故等の事由により、緊急に行う必要がある業務で、貸主の承認を受ける時間的な余裕がないものについては、貸主の承認を受けずに当該業務を実施することが**できる**としているが、この場合、借主は、速やかに書面をもって、その業務の内容及びその実施に要した費用の額を貸主に**通知**しなければならないとされている。

に対し、維持保全の実施状況に係る関係書類の提示を求めることができるとされている。

LESSON 21 特定賃貸借契約締結時書面

特定賃貸借契約締結時書面は、特定賃貸借契約を締結する前に、あらかじめ交付しなければならない。

特定転貸事業者が、特定賃貸借契約を締結したときに、当該特定賃貸借契約の相手方に対し、遅滞なく交付する書面には、損害賠償額の予定又は違約金に関する定めがあるときは、その内容を記載しなければならない。

特定転貸事業者が、特定賃貸借契約を締結したときに、当該特定賃貸借契約の相手方に対し、遅滞なく交付する書面には、特定賃貸借契約が終了した場合における特定転貸事業者の権利義務の承継に関する事項を記載しなければならない。

特定転貸事業者は、特定賃貸借契約締結時書面に記載すべき事項を電磁的方法により提供する場合、あらかじめ相手方の承諾を得なければならない。

プラスα **●電磁的方法による書面の提供**
電磁的方法により重要事項説明書等を提供しようとする場合は、↗

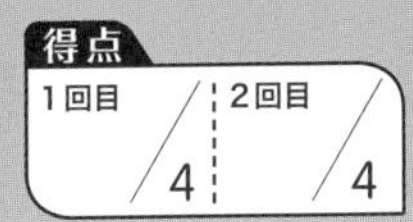

特定転貸事業者は、特定賃貸借契約を締結したときは、当該契約の相手方である賃貸人に対し、**遅滞なく**、特定賃貸借契約締結時書面を**交付**しなければならない。

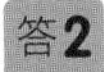

特定賃貸借契約を締結したときに交付する書面において、**損害賠償額の予定**又は**違約金に関する定め**があるときは、その内容について記載しなければならない。

特定賃貸借契約を締結したときに交付する書面において、特定賃貸借契約が**終了**した場合における特定転貸事業者の**権利義務の承継**に関する事項については記載しなければならない。

特定転貸事業者は、特定賃貸借契約の相手方の**承諾**を得て、特定賃貸借契約の締結時の書面の交付に代えて、当該書面に記載すべき事項を**電磁的方法**により提供することが**できる**。この場合、当該特定転貸事業者は、当該書面を交付したものとみなされる。➡プラスα

相手方がこれを確実に受け取れるように、用いる方法やファイルへの記録方法を示したうえで、相手方が承諾したことが記録に残る方法で承諾を得る。

書類の備え置き

特定転貸事業者は、当該特定転貸事業者の業務及び財産の状況を記載した書類を、特定賃貸借契約に関する業務を行う営業所に備え置き、特定賃貸借契約の相手方の求めに応じて、閲覧させなければならないが、相手方となろうとする者の求めに応じて閲覧させる必要はない。

特定転貸事業者の業務及び財産の状況を記載した書類が、電子計算機に備えられたファイル又は磁気ディスク等に記録され、必要に応じ営業所又は事務所ごとに電子計算機その他の機器を用いて明確に紙面に表示されるときでも、当該書類への記載に代えることはできない。

問3 □□

特定転貸事業者は、当該特定転貸事業者の業務及び財産の状況を記載した書類を、事業年度ごとに事業年度経過後6月以内に作成し、遅滞なく営業所又は事務所ごとに備え置かなければならない。

特定転貸事業者は、当該特定転貸事業者の業務及び財産の状況を記載した書類を、営業所又は事務所に備え置かれた日から起算して5年を経過する日までの間、営業所又は事務所に備え置くものとする。

プラスα

●備え置きが必要な書類

①業務状況調書、②貸借対照表及び損益計算書、③又はこれらに↗

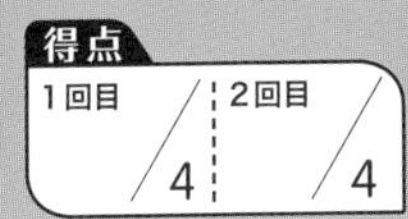

答1 ×

特定転貸事業者は、当該特定転貸事業者の業務及び**財産の状況**を記載した書類を、特定賃貸借契約に関する業務を行う営業所又は事務所に備え置き、特定賃貸借契約の**相手方**又は**相手方となろうとする者**の求めに応じ、**閲覧**させなければならない（管理業法 32 条）。➡ プラスα

特定転貸事業者の業務及び財産の状況を記載した書類が、**電子計算機**に備えられたファイル又は磁気ディスク等に記録され、必要に応じ営業所又は事務所ごとに電子計算機その他の機器を用いて明確に**紙面に表示**されるときは、当該書類への記載に代えることが**できる**（管理業法 32 条、施行規則 49 条 2 項）。

特定転貸事業者は、当該特定転貸事業者の業務及び財産の状況を記載した書類を、**事業年度**ごとに事業年度経過後 **3** か月以内に作成し、**遅滞なく**営業所又は事務所ごとに備え置かなければならない（管理業法 32 条、施行規則 49 条 3 項）。

特定転貸事業者は、当該特定転貸事業者の**業務**及び**財産の状況**を記載した書類を、営業所又は事務所に**備え置かれた日**から起算して **3** 年を経過する日までの間、営業所又は事務所に備え置くものとする（管理業法 32 条、施行規則 49 条 4 項）。

代わる書面であり、これらの書類は出力できる形であれば電子データとして保管しておくことも可能である。

LESSON 23 罰則(1)

問1 □□

賃貸住宅管理業者が、業務管理者を選任しなかったときは、50 万円以下の罰金に処せられる。

問2 □□

賃貸住宅管理業者が、業務管理者がいないのに管理受託契約を締結したときは、30 万円以下の罰金に処せられる。

問3 □□

賃貸住宅管理業者が、秘密を守る義務に違反したときは、50 万円以下の罰金に処せられる。

問4 □□

賃貸住宅管理業者が、業務改善命令に違反したときは、30 万円以下の罰金に処せられる。

問5 □□

賃貸住宅管理業者が、その業務に従事する使用人に、その従業者であることを証する証明書を携帯させる義務に違反したときは、20 万円以下の罰金に処せられる。

問6 □□

個人の賃貸住宅管理業者が、賃貸住宅管理業を廃止したにもかかわらず、その届出をしなかったときは、20 万円以下の過料に処せられる。

プラスα

●100万円以下の罰金となる場合

未登録で賃貸住宅管理業を営んだときや、不正の手段で登録を受↗

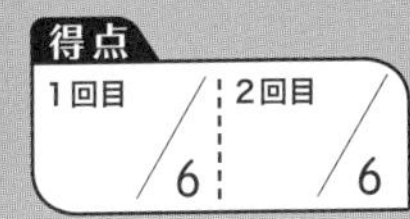

答1 ×

管理業者が、業務管理者を選任しなかったときは、30万円以下の罰金に処せられる（管理業法12条1項、44条2号）。➡ プラスα

答2 ○

管理業者が、業務管理者がいないのに管理受託契約を締結したときは、30万円以下の罰金に処せられる（管理業法12条2項、44条3号）。

答3 ×

管理業者が、秘密を守る義務に違反したときは、30万円以下の罰金に処せられる（管理業法21条1項、44条7号）。

答4 ○

管理業者が、業務改善命令に違反したときは、30万円以下の罰金に処せられる（管理業法22条、44条8号）。

答5 ×

管理業者が、その業務に従事する使用人に、その従業者であることを証する証明書を携帯させる義務に違反したときは、30万円以下の罰金に処せられる（管理業法17条1項、44条5号）。

答6 ○

管理業者が、廃業等の届出をしなかったときは、その違反行為をした者は、20万円以下の過料に処せられる（管理業法9条1項、46条）。

けたとき、名義貸しの禁止に違反したときは、1年以下の懲役もしくは100万円以下の罰金、又はこれらが併科される。

LESSON 24 罰則(2)

問1 □□
特定転貸事業者が、特定賃貸借契約の締結前の書面の交付義務に違反したときは、6月以下の懲役に処せられる。

問2 □□
特定転貸事業者が不当な勧誘等の禁止に違反し故意に事実を告げず、又は不実のことを告げたときは、6月以下の懲役若しくは50万円以下の罰金、又はこれらが併科される。

問3 □□
特定転貸事業者が、業務・財産状況を記載した書類の備え置き義務に違反して書類を備え置かなかったときは、20万円以下の過料に処せられる。

問4 □□
特定転貸事業者が、国土交通大臣の指示に違反したときは、20万円以下の過料に処せられる。

問5 □□
特定転貸事業者が特定賃貸借契約締結時書面の交付を怠った場合、50万円以下の罰金に処せられる場合がある。

プラスα
●停止命令違反の罰則
特定転貸事業者に対する業務停止命令等、又は勧誘者に対する勧↗

得点
1回目 /5 2回目 /5

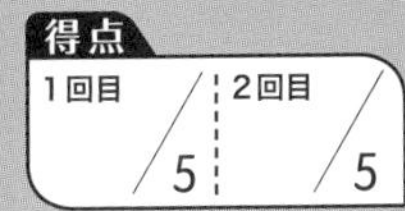

答1 ×

特定転貸事業者が、特定賃貸借契約の締結前の書面の交付義務に違反したときは、50万円以下の罰金に処せられるが、懲役に処せられることはない（管理業法30条1項、43条）。

答2 ○

特定転貸事業者が不当な勧誘等の禁止（**事実不告知**・**不実告知**）に違反したときは、6か月以下の懲役もしくは50万円以下の罰金、又はこれらが併科される（管理業法29条1号、42条2号）。

➡ プラスα

答3 ×

特定転貸事業者が、業務・財産状況を記載した書類の備え置き義務に違反して書類を備え置かなかったときは、30万円以下の**罰金**に処せられる（管理業法32条、44条11号）。

答4 ×

特定転貸事業者が、国土交通大臣の指示に違反したときは、30万円以下の**罰金**に処せられる（管理業法33条1項、2項、44条12号）。

答5 ○

特定転貸事業者が特定賃貸借契約締結時書面の交付を怠った場合、50万円以下の罰金に処せられる（管理業法31条1項、43条）。

誘停止命令に違反したときも、6か月以下の懲役もしくは50万円以下の罰金、又はこれらが併科される。

コラム

用語の定義(1)

●賃貸住宅

賃貸借契約を締結し賃借することを目的とした住宅(人の居住の用に供する家屋又は家屋の部分)を指します。なお、「住宅」は、その利用形態として「人の居住の用に供する」ことが要件とされていることから、通常事業の用に供されるオフィスや倉庫等はこの要件に該当せず、「住宅」に該当しません。

●賃貸住宅管理業

賃貸住宅の賃貸人から委託を受けて、管理業務を行う事業を指します。管理業務は①委託に係る賃貸住宅の維持保全(住宅の居室及びその他の部分について、点検、清掃その他の維持を行い、及び必要な修繕を行うこと)を行う業務、②当該賃貸住宅に係る家賃、敷金、共益費その他の金銭の管理を行う業務(①とあわせて行うものに限る)の二つに分けられます。

これら管理業務について、オーナーから包括的に委託を受けて、場合によっては工事業者や清掃業者などを手配しながら、総合的に統括するものです。

このため、賃貸住宅管理業者が、自らの所有する賃貸住宅の管理業務を行う場合は、賃貸住宅管理業に該当しません。

●賃貸住宅管理業者

登録を受けて賃貸住宅管理業を営む者を指し、「賃貸住宅管理業を営む」とは、営利の意思を持って反復継続的に賃貸住宅管理業を行うことをいい、営利の意思の有無については、客観的に判断されることとなります。

3章

管理受託契約

LESSON 1 委任(1)

問1 □□

賃貸人が管理業務を管理業者に委託することは、「請負」にあたる。

問2 □□

民法上の委任契約は、書面で契約を締結することが義務付けられている。

問3 □□

委任契約における受任者は、自己の財産におけるのと同一の注意をもって、委任事務を処理する義務を負う。

問4 □□

委任契約における受任者は、いつでも復受任者を選任することができる。

問5 □□

受任者は、委任者の請求があれば、いつでも委任事務の処理の状況を報告しなければならない。

プラス α

●管理受託契約の法的性質

管理受託契約は、主に建物・設備などの維持管理や清掃業務など↗

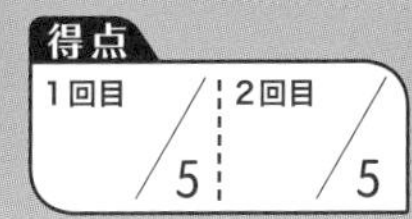

賃貸人が管理業務を管理業者に委託することは、「**委任**」（民法643条）又は「**準委任**」（同法656条）にあたる。➡プラスα

民法上の委任契約は、当事者間の合意によって成立する**諾成**契約であり、書面で契約を締結することは義務付けられて**いない**。

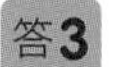

委任契約における受任者は、委任の本旨に従い、**善良な管理者**の注意をもって、委任事務を処理する義務を負う（民法644条）。「自己の財産におけるのと同一の注意」では**足りない**。

委任契約における受任者は、委任者の**許諾**を得たとき、又は**やむを得ない**事由があるときでなければ、復受任者（受任者の代わりに事務を行う者）を選任することが**できない**（民法644条の2第1項）。委任者は受任者を信頼して委任事務の処理を依頼しているため、受任者がいつでも復受任者を選任できてしまうと、委任者の**信頼に反する**こととなってしまうためである。

受任者は、委任者の**請求**があるときは、いつでも委任事務の処理の状況を**報告**しなければならない（民法645条前段）。

の事実行為の委託が中心となる以上、その法的性質は基本的に準委任契約である。

管理受託契約の受託者である管理業者は、集金した賃料を賃貸人に引き渡さなければならない。

管理受託契約の受託者である管理業者は、集金した賃料から利息が発生した場合、その利息を賃貸人に引き渡さなければならない。

管理受託契約の受託者である管理業者が、集金した賃料を賃貸人に引き渡さずに、自己のために消費したときは、その賃料相当分の金銭のみを賃貸人に支払う必要がある。

管理受託契約の受託者である管理業者が、集金した賃料を賃貸人に引き渡さずに、自己のために消費した場合において、管理業者が賃料を消費した日以後の利息を支払っても、なお賃貸人に損害があると認められる場合、管理業者は賃貸人に対してその損害を賠償しなければならない。

プラスα ●果実
物から発生する経済的な収益のこと。果実には、物から産出され↗

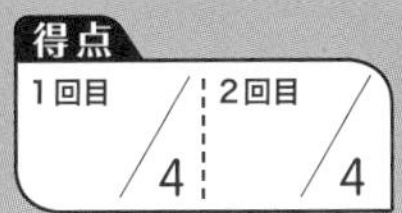

答1 ○

受任者は、委任事務を処理するにあたって受け取った**金銭**その他の物を委任者に引き渡さなければならない（民法646条1項）。管理受託契約においては、委託者（委任者）が賃貸人、受託者（受任者）が管理業者であるため、**正しい**。

答2 ○

受任者は、委任事務を処理するにあたって受け取った金銭その他の物を委任者に引き渡さなければならない。その収取した**果実**も、同様とする（民法646条1項）。集金した賃料から利息が発生した場合、その利息は果実に**あたる**ため、管理業者は、賃貸人に**引き渡さなければならない**。

➡ プラスα

答3 ×

受任者は、委任者に引き渡すべき金額又はその利益のために用いるべき金額を**自己**のために消費したときは、その消費した日以後の利息も**支払わなければならない**（民法647条）。

答4 ○

受任者は、委任者に引き渡すべき金額又はその利益のために用いるべき金額を**自己**のために消費したときは、その消費した日以後の利息も支払わなければならない。この場合において、なお**損害**があるときは、その**賠償**の責任を負う（民法647条）。よって、本問の場合、管理業者は賃貸人に対して損害を**賠償しなければならない**。

る天然果実（牛乳・鉱物など）と、物の使用の対価として受け取る法定果実（利息など）がある。

LESSON 3 報酬

問1 民法上、委任による報酬は、無償が原則である。

問2 管理業者は、管理受託契約中に報酬についての特約がなくても、相当な報酬を請求することができる。

問3 民法上、委任による報酬の支払時期は、前払いが原則である。

問4 民法上、委任が履行の中途で終了したときには、受任者は、報酬を請求することができない。

プラスα **●無償**
イメージとしては、無料であることと考えてもよいが、正確に↗

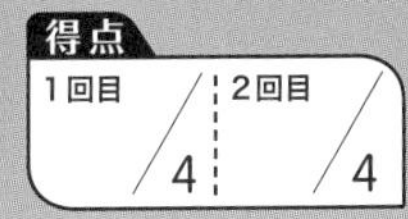

答1 ○

受任者は、**特約**がなければ、委任者に対して報酬を請求することができない（民法 648 条 1 項）。つまり、民法上、委任による報酬は、**無償**が原則とされている。➡ プラスα

答2 ○

商法では、商人（自己の名をもって**商行為**をすることを業とする者）が営業の範囲内において他人のために行為をしたときは、**相当な報酬を請求**することができるとしている（商法 512 条）。不動産管理業は**商行為**に該当し（同法 502 条 1 号）、管理業者は商人であるため、管理受託契約中に報酬についての特約がなくても、相当な報酬を請求することが**できる**。

答3 ×

受任者は、報酬を受けるべき場合には、委任事務を履行した**後**でなければ、これを請求することができない（民法 648 条 2 項本文）。よって、民法上、委任による報酬の支払時期は、**後払い**が原則である。

答4

×

民法上、委任が履行の**中途**で終了したときには、受任者は、すでにした履行の**割合**に応じて報酬を請求することが**できる**（民法 648 条 3 項 2 号）。

は、対価関係にないこと、つまり、互いに均衡した経済的負担を負っていないことを意味する。他方、互いに対価関係に立つことを有償という。

コラム

用語の定義(2)

●賃貸住宅の維持保全

居室及び居室の使用と密接な関係にある住宅のその他の部分である、玄関・通路・階段等の共用部分、居室内外の電気設備・水道設備、エレベーター等の設備等について、点検・清掃等の維持を行い、これら点検等の結果を踏まえた必要な修繕を一貫して行うことをいいます。

定期清掃業者、警備業者、リフォーム工事業者等が、維持又は修繕の「いずれか一方のみ」を行う場合や、エレベーターの保守点検・修繕を行う事業者等が、賃貸住宅の「部分のみ」について維持から修繕までを一貫して行う場合、入居者からの苦情対応のみを行い維持及び修繕(維持・修繕業者への発注等を含む)を行っていない場合などは、「賃貸住宅の維持保全業務」には該当しません。

●家賃、敷金、共益費その他の金銭の管理

賃貸住宅管理業者が賃借人から受領した家賃、敷金、共益費等の金銭管理を指します。なお、金銭の管理を行う業務については、賃貸住宅のオーナーから委託を受けて、当該委託に係る賃貸住宅の維持保全を行うことと併せて行うものに限り、賃貸住宅管理業に該当します。

●特定賃貸借契約

「特定賃貸借契約(マスターリース契約)」とは、オーナーと賃借人との間で締結される賃貸住宅の賃貸借契約であって、賃借人が、当該賃貸住宅を第三者に転貸する事業を営むことを目的として締結されるものをいいます。ここで「事業を営む」とは、営利の意思を持って反復継続的に転貸することを指します。なお、営利の意思の有無については、客観的に判断されることとなります。

賃貸借契約

LESSON 1 賃貸借契約

賃貸借契約は、賃貸借の対価たる賃料を初めて支払ったときに成立する。

契約は、申込みに対して相手方が承諾をしたときに成立し、明示的な承諾の意思表示がない限り成立しない。

賃貸借契約を成立させるためには、契約書を作成することは不要である。

契約書は、契約当事者の権利・義務に関する記載内容に誤りを生じさせないよう、定型的な書面とすべきである。

契約当事者は、第三者に対して、契約内容を説明しなければならないことがあり、その場合、契約書は重要である。

プラス α

●賃貸借契約

賃貸借契約とは、当事者の一方が物の使用及び収益を相手方にさ↗

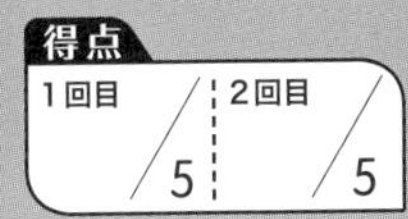

答1 ×

賃貸借契約は、**諾成**契約であるため、契約当事者の合意で**成立する**（民法601条）。➡プラスα

答2 ×

契約は、申込み（契約の内容を示してその締結を申し入れる意思表示）に対して相手方が承諾をしたときに成立する（民法522条1項）。承諾の意思表示は、通常は明示的に行われるが、**黙示**的な承諾の意思表示によっても契約は**成立する**。

答3 ○

賃貸借契約は**不要式**契約であり、契約書の作成は**必須**ではない。

答4 ×

契約書は、契約内容・条件ごとに、個別具体的な契約当事者の権利・義務に関する記載内容を明確に示す必要があるから、必ずしも定型的な書面とすべきであるとは**いえない**。

答5 ○

契約当事者は、第三者に対して、契約内容の説明を要する場合があるため、このような場合に備えて、契約書の存在は**重要**である。

せることを約束し、相手方が賃料を支払うこと及び引渡しを受けた物を契約終了時に返還することを約束する契約のことをいう。

LESSON 2 貸主と借主の権利と義務(1)

建物賃貸借契約において、建物を引き渡した後は、借主がその建物の管理をすればよいから、貸主が借主の居住目的を妨げるような障害を除去する義務を負うことはない。

建物賃貸借契約において、契約締結前から雨漏りなどの損傷がその建物に生じていた場合、貸主はその修繕を行う義務はない。

建物賃貸借契約締結後に、当該建物に損傷が生じ、貸主が修繕をしようとしている場合、借主は賃貸借契約終了後に修繕せよと主張することができる。

建物賃貸借契約締結後に、地震などの不可抗力によって当該建物に損傷が生じた場合であっても、貸主は修繕の義務を負う。

建物賃貸借契約中に、当該建物に修繕が必要な状態となっていても、借主が修繕を希望しない場合、貸主に対し修繕の必要がある旨を通知しなくてもよい。

プラスα **●使用収益させる義務**
貸主の使用収益させる義務は、借主が望む使用目的をすべて可能／

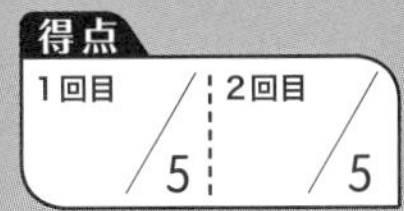

答1 ×

賃貸借契約における貸主は、借主に対し、賃貸目的物を**使用収益**させる義務を負っている（民法601条）。このため、貸主は、借主の居住目的を妨げるような障害を**除去**する義務を負う。

➡ プラスα

答2 ×

賃貸借契約における貸主は、使用収益させる義務の当然の帰結として、賃貸目的物の使用収益に必要な**修繕義務**を負う（民法606条1項）。これには、賃貸借契約締結**前**から発生している損傷も含まれる。

答3 ×

貸主が賃貸目的物の保存に必要な行為（修繕など）をしようとするときは、借主はこれを拒むことが**できない**（民法606条2項）。借主がこれを**拒む**場合は、契約解除の理由となりうる。

答4 ○

賃貸目的物の損傷が、自らに責任のない**不可抗力**によって生じた場合でも、貸主は修繕義務を**負う**。

答5 ×

修繕が必要であることを貸主が**知らない**ときは、借主は、遅滞なく、修繕が必要である旨を貸主に**通知**しなければならない（民法615条）。

にするという義務ではなく、賃貸目的物が現在有している性状に基づいて、その機能・性能を最大限発揮できる状態に置くという義務である。

LESSON 3 貸主と借主の権利と義務(2)

建物賃貸借契約締結後に、当該建物に損傷が生じた場合、その修繕をすると新築建物を建てるのと同等の費用がかかる場合であっても、修繕が可能なら貸主は修繕の義務を負う。

建物賃貸借契約締結後に、当該建物に損傷が生じた場合であっても、その損傷が借主の使用収益を妨げるものでない場合には、貸主の修繕義務は生じない。

建物賃貸借契約締結後に、当該建物に損傷が生じた場合、貸主は修繕義務を負い、この費用は貸主が負担するのが原則であるが、修繕費用を借主負担とする特約も有効である。

建物賃貸借契約締結後に、当該建物に損傷が生じたものの、貸主が修繕義務を履行しないため借主が当該建物を全く使用できなかった場合は、借主はその期間の賃料を支払う必要はない。

プラスα
●賃貸物件の修繕が不可能な場合の修繕義務
火災により建物が滅失したような場合や、経済的に不可能である↗

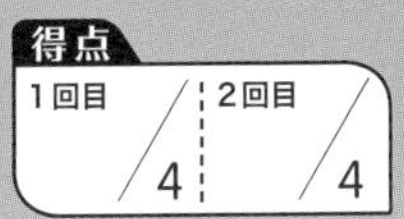

答1 ×

賃貸目的物の修繕が不可能である場合には、貸主の修繕義務が発生**しない**。修繕が不可能である場合とは、**物理的**に不可能である場合のみならず、**経済的**に不可能である場合も含む。すなわち、物理的に修繕できる場合でも、その修繕費用が建物を新築するのと同じくらい莫大な費用となる場合には、貸主の修繕義務は発生**しない**。➡プラスα

答2 ○

貸主の修繕義務はその目的物を修繕しなければ、借主が契約の目的にしたがって使用収益することができない状態にあるときに**生じる**。このため、その損傷が借主の使用収益を妨げるものでない場合には、貸主の修繕義務は**生じない**。

答3 ○

修繕費用は原則として、**貸主**が負担するが、借主負担とする特約も**有効**である。

答4 ○

貸主が修繕義務を履行しないことによって、借主が賃貸目的物を全く**使用する**ことができなかった場合には、借主はその期間の賃料の支払義務を**免れる**。

場合は、そもそも修繕が不可能である以上、貸主は目的物の修繕義務を負わず、使用収益させる債務が履行不能になるため賃貸借契約は終了する。

LESSON 4 貸主と借主の権利と義務(3)

問1 建物賃貸借契約締結後に、当該建物に損傷が生じ、借主が費用を負担して修繕し、実際に費用も支払った後では、貸主に修繕費用を請求することはできない。

問2 建物賃貸借契約締結後に、当該建物に損傷が生じ、借主が必要費を支払い修繕したものの、貸主がこれを直ちに支払わない場合、借主は賃貸借契約が終了した後も、貸主が必要費を支払うまで、当該建物の明渡しを拒絶することができる。

問3 建物賃貸借契約に関して、借主が賃貸借建物の改良のために支出した費用を必要費という。

問4 建物賃貸借契約締結後に、借主が当該建物に改良を加えた場合、それに要した費用は、借主は直ちに貸主に請求することができる。

問5 建物賃貸借契約締結後に、借主が当該建物に改良を加えた場合、賃貸借契約終了時に、その改良による資産価値の上昇が見られなかったとしても、貸主はその費用を借主に支払わなければならない。

プラスα **●必要費**
必要費は「直ちに」償還を請求することができることから、借主↗

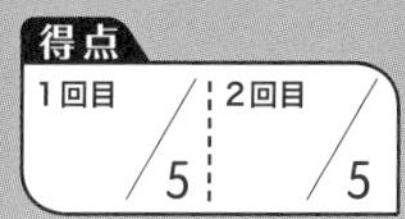

答1 ×

借主が、貸主の行うべき修繕を行って修繕費用を支出した場合、貸主に対して**必要費**として、修繕費用の償還を請求することが**できる**（民法 608 条 1 項）。➡ プラスα

答2 ○

借主から、修繕費用などの必要費の**償還請求**があったにもかかわらず、貸主がこれを**支払わない**場合、借主は賃貸借契約が終了した後も、貸主が必要費を支払うまで、賃貸物件の明渡しを**拒絶**することができる（民法 295 条 1 項）。

答3 ×

借主が賃貸借建物の改良のために支出した費用は**有益費**という。

答4 ×

借主が有益費を支出した場合、借主は、貸主に対し、賃貸借契約が**終了**した時に、賃貸目的物の**価格の増加**が**現存**する場合に限って、支出した額又は増加した額のいずれかについて、その**償還請求**をすることができる（民法 608 条 2 項）。

答5 ×

借主が改良を行っても、賃貸目的物の価格の**増加**が現存していない場合には、貸主はその費用を借主に支払う必要は**ない**。

は、修繕費を支出した直後に、貸主に対して償還の請求が可能となる。賃貸借契約が終了してから償還請求が可能となるのではない。

LESSON 5 貸主と借主の権利と義務(4)

建物賃貸借契約締結後に、借主が当該建物に改良を加え、賃貸借契約終了時にその費用の償還を貸主に請求したものの、支払いがない場合であっても、借主は当該建物の明渡しを拒絶することができない。

建物賃貸借契約締結後に、借主が当該建物にエアコンを設置した場合、賃貸借契約終了時に、借主はそのエアコンを貸主に買い取るよう請求することができるが、この対価が支払われないことを理由として当該建物の明渡しを拒絶することもできる。

建物賃貸借契約を締結する際に、「借主が取り付けたエアコンは、貸主は買い取らないものとする」という特約を定めることができる。

建物賃貸借契約を締結した場合、借主は当該建物を自己の財産と同様に管理すればよい。

貸主が借主の用法遵守義務違反を理由に損害賠償請求をする場合、賃貸物件の返還を受けた時から1年以内に行使しなければならない。

プラスα ●有益費の償還請求
有益費の償還請求を受けた貸主は、償還の期限について、裁判所↗

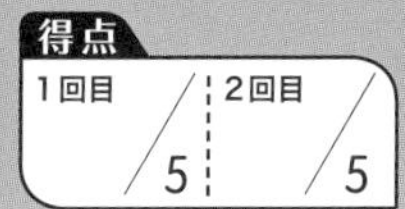

答1 ×

有益費についても、必要費と同様に、借主による有益費の**償還請求**があったにもかかわらず、貸主がこれを支払わない場合、借主は、貸主が有益費を支払うまで、賃貸物件の明渡しを拒絶することが**できる**。➡ プラスα

答2 ×

造作買取請求権を被担保債権として、留置権（手元に留置して返還を拒むことができる権利）を行使することは**できない**(最判昭29.1.14)。同様に、**同時履行の抗弁権**（相手方が債務の履行を提供するまでは、自分の債務の履行を拒むこと）も主張できない。

答3 ○

造作買取請求権を排除する旨の特約も**有効**である。

答4 ×

借主は、賃貸目的物を**善良な管理者**の注意をもって保存する**義務**を負う。

答5 ○

貸主が借主の用法遵守義務違反を理由に損害賠償請求をする場合、貸主が賃貸物件の返還を受けた時から1年以内に行使しなければならない（民法622条、600条1項）。

に対して、相当の期限を許与するように請求することができ、相当の期限の許与が認められると、借主の留置権の成立は認められない。

LESSON 6 サブリース方式による賃貸管理(1)

サブリース方式において、転借人はサブリース業者の履行補助者となる。

サブリース方式においては、転借人が原賃貸人に対して債務を履行すれば、その限度で転貸人に対する債務を免れる。

転借人が原賃貸人に対して負うこととなる義務は、賃料の支払いのみである。

所有者が転貸借を承諾しており、賃貸借契約の月額賃料が20万円、転貸借契約における月額賃料が30万円の場合、所有者が転借人(入居者)に対して30万円の支払を請求したときは、転借人（入居者）は30万円の支払義務を負う。

プラス α

●履行補助者

債務者が、債務の履行のために使用する者のこと。この履行補助↗

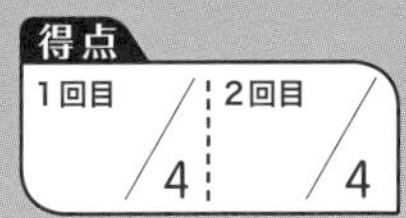

答1
○
サブリース業者が原賃貸人との関係で賃借人の立場に立つことから、転借人はサブリース業者の**履行補助者**となる。➡ プラスα

答2
○
転借人（入居者）が原賃貸人に対して直接義務を負うので、転借人が原賃貸人に対して債務を履行すれば、その限度で転貸人（管理業者）に対する義務を**免れる**（民法613条1項）。

答3
×
転借人は、賃料の支払いだけではなく、**保管**や返還なども義務付けられることとなり、保管義務違反による**損害賠償**、賃貸借が終了した場合の**目的物返還**なども直接義務の内容となる。

答4
×
転貸借が行われた場合、転借人（入居者）は、所有者に対して、所有者と転貸人である管理業者との間の賃貸借契約に基づく転貸人（管理業者）の**債務の範囲**を限度に、所有者に対して転貸借に基づく債務を直接履行する義務を負う（民法613条1項前段）。つまり、転借人（入居者）は、原賃貸借契約と転貸借契約のそれぞれで定められた賃料の額のいずれか**低い額**を上限として、賃料支払義務を負う。よって、賃貸借契約の月額賃料が20万円、転貸借契約における月額賃料が30万円の場合、転借人は**20**万円の支払義務を負う。

者の故意・過失によって債務不履行が生じた場合は、債務者の故意・過失と同視して、その履行補助者を使用する債務者が損害賠償責任を負うとされる。

LESSON 7 サブリース方式による賃貸管理(2)

問1 サブリース方式において、転借人は賃料の前払いをもって原賃貸人に対抗することができない。

問2 サブリース方式において、原賃貸人が原賃貸借契約を解除する場合、転借人への催告が必要である。

問3 サブリース方式において、原賃貸借契約が正当事由を満たして期間満了又は解約申入れにより終了する場合、原賃貸人は、原賃貸借の終了を転借人に通知しなければ、原賃貸借の終了を転借人に対抗することができない。

問4 賃貸人AがBに賃貸し、BがAの承諾を得てCに転貸する建物について、AがBの賃料滞納を理由として有効に原賃貸借契約を解除したとしても、AがCに対して催告をしていなかった場合は、AはCに対して建物の明渡しを請求することはできない。

プラスα

●原賃貸借の解除における催告

債務不履行に基づく契約の解除を行うためには、原則として、解↗

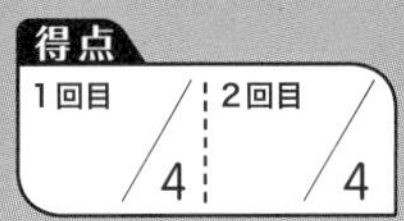

答1 ○

転借人は賃料の前払いをもって原賃貸人に対抗することが**できない**（民法613条1項後段）。すなわち、転借人が転貸人に賃料を前払いしても、原賃貸人から賃料の支払請求を受ければ、転貸人に対する支払いを理由として拒絶することは**できず**、原賃貸人に支払わなければならない（二重払いせざるを得なくなる）ということである。

答2 ×

転借人の原賃貸人に対する直接の義務は、原賃貸人保護が目的であり、原賃貸人の転借人に対する請求は権利であっても**義務**ではないことから、原賃貸人は転借人に催告する必要は**ない**。➡ 

答3 ○

原賃貸借契約が正当事由を満たして期間満了又は解約申入れにより終了する場合、原賃貸人は、原賃貸借の終了を転借人に**通知**しなければ、原賃貸借の終了を転借人に対抗することができない。なお、転貸借契約は通知後**6**か月を経過することによって終了する（借地借家法34条）。

答4 ×

転貸借契約において、原賃貸人が債務不履行を理由として原賃貸借契約を解除する場合、原賃貸人は、転借人に対して、解除に先立ってあらかじめ催告をする必要は**ない**。よって、本肢のAは、Cに対し建物の明渡しを請求することが**できる**。

4章 賃貸借契約

除権の行使に先立ち、履行の催告をしなければならない。この場合、原賃貸人は転貸人に対して催告をすれば足りる。

LESSON 8

原賃貸借契約の終了

問1 □□ サブリース方式において、原賃貸借契約が転貸人の債務不履行を原因として解除された場合、転貸借契約も解除されたものとみなされる。

問2 □□ サブリース方式において、原賃貸借契約が転貸人の債務不履行により解除された場合、転貸借契約は、原賃貸人が転借人に対して賃貸物件の明渡しを請求したときに終了する。

問3 □□ サブリース方式において、原賃貸人と転貸人とが原賃貸借契約を合意解除した場合、原則として、この解除を転借人に対抗することができる。

問4 □□ サブリース方式において、原賃貸借契約が終了した場合に、原賃貸人が転貸借契約における転貸人の地位を承継する旨の特約は無効である。

プラスα ●債務不履行による解除権

原賃貸借契約が、原賃貸人と転貸人との間の合意解除により終了↗

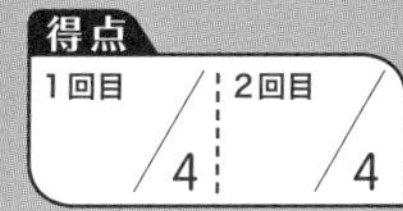

答1 ×
原賃貸借契約と転貸借契約は、あくまでも別個の契約であり、原賃貸借契約が転貸人の**債務不履行**を原因として解除された場合、転貸借契約は解除されたものとみな**されない**。

答2 ○
原賃貸借契約が転貸人の**債務不履行**により解除された場合、転貸借契約は、原賃貸人が転借人に対して賃貸物件の**明渡し**を請求したときに、転貸人の転借人に対する債務の**履行不能**により終了する。

答3 ×
原賃貸人と転貸人とが原賃貸借契約を合意解除しても、転貸借は原賃貸人の承諾によってなされたものであるから、それを転貸人との合意だけで解除することは信義則に反することになるため、期間満了や解約申入れの場合と異なり、特段の事情のない限り、この解除を転借人に対抗することが**できない**（最判昭38.2.21）。➡ プラスα

答4 ×
原賃貸借契約が終了した場合に、原賃貸人が転貸借契約における転貸人の地位を承継する旨の特約は**有効**である。この特約がある場合、原賃貸借契約が終了すれば、原賃貸人は転貸人の地位を承継して、転借人に対して目的物を使用させる義務を負い、転貸借契約が終了したときには、**転借人**が差し入れた敷金返還義務を負う。

した場合、解除の当時、原賃貸人が転貸人の債務不履行による解除権を有していたとき、原賃貸人は、原賃貸借契約の終了を転借人に対抗できる。

LESSON 9 サブリース方式による賃貸管理の特徴

サブリース方式においては、転借人（入居者）と賃貸人（所有者）との間に契約関係が生じる。

サブリース方式において、賃貸人には空室リスクや賃料下落リスクを軽減することができるというメリットがある。

サブリース方式においてサブリース業者には、自らが資金調達することなく建物の建築を行うことができるメリットがある。

サブリース方式の場合、サブリース業者は賃貸人・転借人それぞれに対して、契約当事者となって責任を負うという特色がある。

賃貸人AがBに賃貸し、BがAの承諾を得てCに転貸するサブリース方式において、Cが賃借する契約が終了し、Cに対して建物明渡請求訴訟を提起する場合、Bが原告となる。

プラスα

●サブリース方式の賃貸管理業務の特徴

サブリース方式の賃貸管理では、サブリース業者が、貸主（所有者）↗

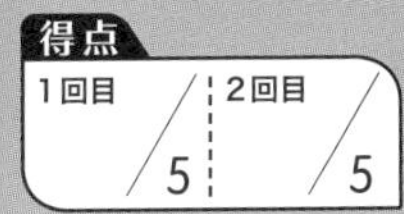

答1 ×

サブリース方式は、サブリース業者が原賃貸人（所有者）から賃貸住宅を借り受け、原賃貸人の承諾を得て、サブリース業者自らが**転貸人**となって賃貸住宅を第三者に転貸する事業形態である。そのため、転借人（入居者）と原賃貸人との間には契約関係が**生じない**。

答2 ○

賃貸人は効率的に専門的な賃貸住宅経営を行うことができるとともに、空室リスクや賃料下落リスクを軽減することが**できる**。

答3 ○

サブリース業者には、自らが**資金調達**することなく建物の建築を行うことができるなどのメリットがある。

答4 ○

サブリース方式の場合、サブリース業者は賃貸人・転借人**それぞれ**に対して、**契約当事者**となって責任を負うという特色がある。➡ プラスα

答5 ○

賃貸借契約の終了を理由とする建物明渡請求訴訟において、原告となることができるのは、本人、すなわち**賃貸人**である。サブリース方式である本問の場合、**転貸人**であり管理業者でもあるBが賃貸人の立場に立つため、Bが原告となる。

及び転借人（入居者）それぞれとの間で賃貸借契約を結び、契約の当事者となる点に特徴がある。

LESSON 10 更新

問1 □□ 期間の定めのある建物賃貸借契約において、期間満了3か月前に更新拒絶の通知をしたとしても、当該契約は更新される。

問2 □□ 普通建物賃貸借契約において、契約期間満了までに、更新について合意が成立しない場合、特約のない限り、従前と同一の条件で期間の定めなき賃貸借契約として当然に更新されたものとみなされる。

問3 □□ 期間の定めのある建物賃貸借契約が法定更新された場合、更新前の契約と更新後の契約は、契約期間も含め別個独立の同一性のない契約となる。

問4 □□ 更新料特約以外に更新手数料特約を定めることはできない。

プラスα ●「みなす」規定
条文で「みなす」と規定している場合、みなされた事がらについて↗

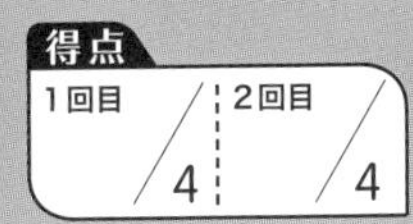

答1 ○

期間の定めがある建物賃貸借契約において、当事者が期間の満了の1年前から6か月前までの間に相手方に対して更新をしない旨の通知、又は条件を変更しなければ更新をしない旨の通知をしなかったときは、従前の契約と同一の条件で契約を**更新**したものとみなされる（法定更新。借地借家法26条1項）。➡ プラスα

答2 ○

契約期間満了までに更新について合意が**成立しない**場合、特約のない限り、従前の賃貸借契約と同一条件で賃貸借契約が**当然に更新**されたものとみなされ、その契約期間は**定めがない**ものとされる（借地借家法26条1項）。

答3 ×

期間の定めのある建物賃貸借契約が法定更新された場合、契約期間を除き従前の契約と**同一の条件**で契約を更新したものとみなされ、更新後の契約は同一性が**維持される**。ただし、その契約期間は、**期間の定めがないもの**とされる（借地借家法26条1項）。

答4 ×

更新手数料とは、管理業者が契約の更新手続を行う場合の事務代行手数料であり、管理業者と当事者の間で明確な合意があり、その額が**社会通念上相当**であるならば、更新料特約以外に更新手数料特約を定めることは**有効**である。

は、反対事実を証明して覆すことはできない。一方、「推定する」と規定されている場合、推定された事がらは、反対事実を証明して覆すことができる。

定期建物賃貸借(1)

問1 書面によらずに定期建物賃貸借契約を締結した場合、普通建物賃貸借契約の効力は生じない。

問2 定期建物賃貸借契約は、書面によって締結するだけでは足りず、公正証書によって締結することが必要である。

問3 定期建物賃貸借契約の事前説明については、「更新がなく、期間の満了により契約が終了する」旨を記載した書面を交付し、さらに別途口頭で説明する必要がある。

問4 定期建物賃貸借契約の事前説明において「更新がなく、期間の満了により契約が終了する」旨を記載した書面を交付すれば、賃貸借契約書に「更新がなく、期間の満了により契約が終了する」旨の記載がなくても、更新がない定期建物賃貸借契約として有効に成立する。

問5 定期建物賃貸借契約の保証人は、定期建物賃貸借契約が期間満了後に再契約された場合、引き続き、保証債務を負担する旨を口頭で承諾したとしても、再契約後の債務について保証債務を負わない。

プラスα

●定期建物賃貸借契約の締結

定期建物賃貸借契約を締結しようとするときは、貸主は、あらか↗

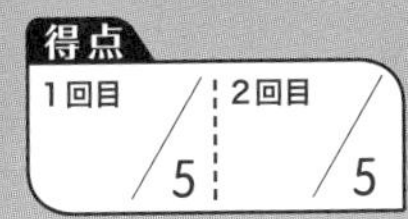

書面（電磁的方法を含む。以下同じ）によらずに定期建物賃貸借契約を締結した場合、定期建物賃貸借契約は**成立しない**。しかし、この場合であっても普通建物賃貸借契約としての効力は**有する**。

借地借家法 38 条 1 項では、「公正証書による**等**書面によって契約をするときに限り」と規定されているため、必ずしも公正証書による必要は**ない**。

賃主はあらかじめ借主に対し、「更新がなく、期間の満了により契約が終了する」旨を記載した書面を**作成**・**交付**したうえ、**口頭**で説明をする必要が**ある**とされている。

契約書に「更新がなく、期間の満了により契約が終了する」旨の記載が**ない**場合、定期建物賃貸借契約とはみなされず、更新がない定期建物賃貸借契約として有効に成立**しない**。➡プラスα

保証契約の締結については、**書面**で行う必要がある（民法 446 条 2 項）。そのため、更新される契約の保証人を引き続き継続する旨を口頭で承諾しても保証債務を**負わない**。

じめ借主に、書面（事前説明書）を交付し、口頭で説明する。この事前説明書（電磁的方法を含む）は賃貸借契約書とは別個の書面であることが必要である。

LESSON 12 定期建物賃貸借(2)

契約期間を１年とする定期建物賃貸借契約においても、期間満了により建物の賃貸借契約が終了する旨の通知を出さなければならない。

契約期間を２年とする定期建物賃貸借契約において、貸主が、期間満了の１年前から６か月までの間に借主に対して期間満了により定期建物賃貸借契約が終了する旨の通知をしていなかったとしても、貸主が上記期間経過後に借主に対して終了通知をした場合には、通知日から６か月を経過した後は、契約の終了を借主に主張することができる。

契約期間を２年とする定期建物賃貸借契約が終了した後の再契約として、契約期間を６か月とする定期建物賃貸借契約を締結することもできる。

プラス α

●契約期間

定期建物賃貸借契約には、契約期間の定めがあることが必要であ↗

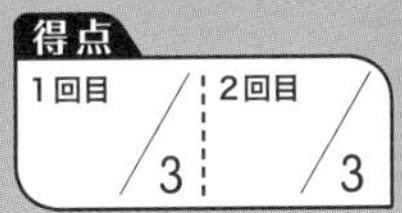

答1 ○

契約期間を1年**以上**とする定期建物賃貸借契約において、貸主は、期間満了の1年前から6か月前までの間に、建物の借主に対して、期間の満了により建物の賃貸借が終了する旨の**通知**をしなければ、その終了を建物の借主に対抗することができない（借地借家法38条6項）。よって、契約期間を1年とする定期建物賃貸借契約においては、期間満了により建物の賃貸借契約が終了する旨の通知が**必要**となる。

答2 ○

貸主が終了通知期間内に**終了通知**を行わなかったとしても、貸主の終了通知後、6か月間の期間が確保されたなら、通知を行ってから6か月後に、定期建物賃貸借契約の終了を借主に対して主張**できる**（借地借家法38条6項ただし書き）。

答3 ○

定期建物賃貸借契約が終了した場合、貸主は、新たな賃貸借契約を締結**できる**。その場合、**従前**の賃貸借契約の内容に拘束されることはなく、定期建物賃貸借契約では契約期間の下限が定められて**いない**。このため、本肢のような定期建物賃貸借契約も締結**できる**。➡ プラスα

る。そして、この契約期間の上限や下限については制限がない。①期間の定めが必要、②下限の制限がないことは普通建物賃貸借契約と異なっている。

4章 賃貸借契約

LESSON 13 賃貸借契約の終了(1)

問1 期間の定めのある建物賃貸借契約において、借主から期間満了を理由として契約を終了させる場合には正当事由は不要である。

問2 貸主から建物賃貸借契約を契約終了とする通知をした際に正当事由がなくても、通知後に事情が変わり正当事由が具備され、正当事由が具備された状態が事情変更時点から6か月間持続した場合、解約の効果は生じる。

問3 期間の定めのある建物賃貸借契約において期間内解約条項がある場合、予告期間に関する特約のない限り、賃貸借契約は借主による期間内解約の申入れと同時に終了する。

問4 期間の定めのある建物賃貸借契約において期間内解約条項がない場合であっても、貸主は契約期間中に賃貸借契約を一方的に解約することができる。

プラスα ●期間の定めのない賃貸借契約の終了時期
期間の定めのない場合、借主による解約申入れでは、解約申入日／

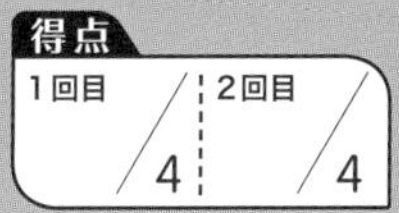

答1 ○

期間の定めのある建物賃貸借契約を貸主から更新拒絶するには正当事由が**必要**であるが（借地借家法28条）、**借主**から更新拒絶する場合には正当事由は**不要**である。

答2 ○

判例によると、通知をした際に正当事由がなくても、通知後に事情が変わり正当事由が具備され、正当事由が具備された状態が事情変更時点から**6か月間持続**した場合、解約の効果が**生じる**（最判昭41.11.10）。

答3 ×

期間の定めのある建物賃貸借契約において、**期間内解約条項**がある場合であっても、契約当事者の一方的な解約権を認めると、相手方の立場を著しく不安定にすることから、予告期間に関する特約のない限り、民法617条の**解約留保期間**が適用される。そのため、解約の申入れから**3**か月の経過により、建物賃貸借契約は終了する（民法618条、617条1項2号）。➡ プラスα

答4 ×

契約当事者の契約期間中の一方的な解約権を認めると、相手方の立場を著しく不安定なものにしてしまう。このため、期間の定めのある建物賃貸借契約において貸主は契約期間中に賃貸借契約を**一方的**に解約することは**できない**。

から3か月の経過で、貸主による解約申入れでは、正当事由が認められれば、解約申入日から6か月の経過で終了する。

LESSON 14 賃貸借契約の終了(2)

期間の定めのない建物賃貸借契約において、借主から解約を申し入れた場合は、特約がない限り、解約の申入れの日から４か月を経過することによって契約は終了する。

建物賃貸借契約において、借主が賃料を支払わなかったとしても、貸主が直ちに契約を解除することはできない。

賃料滞納を理由として賃貸借契約を解除する場合、配達証明付き内容証明郵便を用いて催告を行うと、催告を行ったことについて裁判上の証拠となる。

建物賃貸借契約において、借主が賃料を支払わなかった場合、催告した後という条件はあるものの、どのような場合であっても貸主は契約解除を申し入れることができる。

プラスα **●信頼関係破壊の法理**

借主に債務不履行があったとしても、それが貸主との間の信頼関↗

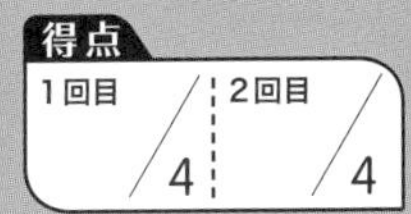

答1 ×

期間の定めのない建物賃貸借契約において、**借主**から解約を申し入れた場合は、特約がない限り、解約の申入れの日から**3**か月を経過することによって契約は終了する。

答2 ○

借主が賃料の支払期日に、故意又は過失によって賃料を支払わない場合に、借主の**賃料不払い**を理由に賃貸借契約を解除するためには、原則として、貸主が**一定の期間**を定めて賃料の支払いを**催告**し、その期間内に借主が賃料を支払わなかったことが必要となる。

答3 ○

配達証明付き内容証明郵便は、一定の通知や意思表示を行ったことを明確にするために用いられる。よって、賃料滞納を理由として賃貸借契約を解除する場合においては、配達証明付き内容証明郵便を用いて催告を行うと、催告を行ったことについて、**裁判上の証拠**となる。

答4 ×

借主による賃料の不払いがあっても、貸主との間の**信頼関係**が破壊されたとはいえない特段の事情があるときには、賃貸借契約を解除**できない**（最判昭 39.7.28）。➡プラスα

係を破壊するに至らないような場合は、貸主による契約解除を認めないという法理のこと。

LESSON 15 賃貸借契約の終了(3)

建物賃貸借契約において、借主の義務違反が重大であるため信頼関係が破壊されたと明らかに認められる場合には、貸主は催告をすることなく、賃貸借契約を解除することができる。

建物賃貸借契約において、借主は、賃貸建物について、賃貸借契約又は賃貸目的物の性質によって定まる使用目的に従った使用収益をする義務を負っているが、これに反したとしても、信頼関係が破壊されたとはいえない事情がある場合には、貸主は当該賃貸借契約を解除することができない。

建物賃貸借契約が解除されると、解除の効果は契約締結時に遡って生じる。

賃料滞納を理由として賃貸借契約を解除する場合、催告と解除の意思表示は別個の書面で行わなければ、解除の効果が生じない。

プラスα

●信頼関係が「明らかに」破壊された場合の契約解除

借主に債務不履行がある場合でも、契約解除には原則として催告↗

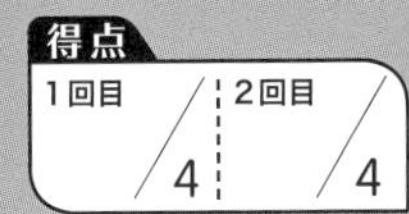

答1 ○

建物賃貸借契約を貸主から解除する場合は、原則として借主に対して賃料の支払いを催告することが必要になる。しかし、借主が長期にわたって賃料を滞納しているなど、借主の義務違反が**重大**で、信頼関係が破壊されたと明らかに認められる場合には、貸主は、**催告**することなく、契約を解除**できる**。

答2 ○

借主が使用目的に従った使用収益をする義務（民法616条、594条1項）に反したとしても、貸主との間の**信頼関係**が破壊されたとはいえない特段の事情があるときには、貸主は賃貸借契約を解除することが**できない**。➡プラスα

答3 ×

賃貸借契約が解除されると、解除の効果は**将来に向かって**のみ生じる（民法620条）。

答4 ×

催告と解除の意思表示は、同一の書面で行うことも**可能**であり、例えば「滞納賃料○○円を本通知書到達後○○日以内に全額支払わない場合には、上記期間の経過をもって、当然に賃貸借契約は解除されたものとします」というような、停止条件付契約解除通知が用いられることもある。

が必要だが、信頼関係が明らかに破壊された場合は、貸主は催告なしに解除できる。

LESSON 16 賃貸借契約の終了(4)

建物賃貸借契約が期間の定めのない契約である場合には、貸主及び借主は、合意によって建物賃貸借契約を解除することはできない。

建物賃貸借契約において、災害などで当該建物が滅失したとしても、契約の効力自体は消滅しないのであり、貸主から契約解除する場合には正当事由が必要となる。

建物が存しない駐車場として使用する目的の土地の賃貸借契約であって期間の定めのないものは、特約のない限り、貸主による解約申入れから1年の経過によって終了する。

建物が存しない駐車場として使用する目的の土地の賃貸借契約において貸主が更新を拒絶するためには、正当事由は不要である。

プラスα
●解約申入れ
期間の定めのない建物賃貸借契約では、そもそも期間がないため↗

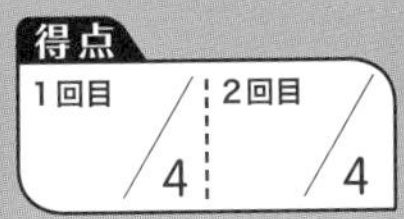

答1 

期間の定めの有無にかかわらず、貸主及び借主の**合意**によって、賃貸借契約を解除することが**できる**。➡ プラスα

答2 

賃貸建物が災害により全部滅失した場合のように、もはや借主に**使用収益**させることができなくなったときには、貸主の使用収益させる義務が履行不能によって消滅し、その結果、賃貸借契約が**終了**することになる（民法616条の2）。

答3 

借地借家法は、建物の所有を目的とする**地上権**及び**土地賃借権**などに適用される特別法である。そのため、建物が存しない駐車場として使用する目的の土地賃貸借契約については、借地借家法は適用されない。本問の場合、原則規定である民法が適用され、期間の定めがない場合は**いつでも**解約を申し入れることができ、土地の賃貸借の場合には、解約の申入れから**1**年の経過により終了することとなっている（民法617条1項1号）。

答4 ○

建物の所有を目的としない駐車場としての使用目的での土地の賃貸借契約には、借地借家法が適用**されない**ため、契約の更新拒絶について、正当事由は**求められない**。

に「期間満了」という概念が存在しない。期間の定めのない建物賃貸借契約を終了させるためには、解約申入れを行う。

LESSON 17 貸主・借主の死亡

貸主の死亡により賃貸借契約は終了しないが、借主の死亡では賃貸借契約は終了する。

建物賃貸借契約において、借主が死亡し、その死亡した借主が相続人ではない者と同居していた場合、同居していた者は特別にその賃貸借契約の賃借権を相続できる。

賃貸借契約の締結中に、借主が死亡し、相続人がいない場合、賃借権は当然に消滅する。

建物賃貸借契約において、借主が死亡し、相続人がいる場合、死亡した借主が相続人ではない者と同居していたときは、同居していた者はその建物に居住し続けることができる。

プラスα **●援用**
援用とはある権利や事実を自己の利益のために主張することを意↗

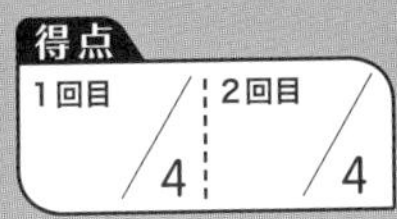

答1

貸主が死亡しても、貸主に相続人のあることが明らかであるか否かを問わず、賃貸借契約は終了しない。また、借主が死亡した場合、賃貸借契約では、借主の相続人がその地位を**承継する**ため、賃貸借契約は終了しない。相続人があることが明らかでない場合、借主が有していた建物賃借権は**相続財産法人**となり（民法951条）、利害関係人等の請求によって家庭裁判所が**相続財産清算人**を選任し（同法952条1項）、この**相続財産清算人**が建物賃借権の管理等を行うこととなる。

答2

相続人でない以上、たとえその建物に居住していたとしても、その建物の賃借権を相続することは**ない**。

答3

借主に相続人が存在しないときでも賃借権は**消滅**しない。この場合、賃借権を含めて相続財産は法人となり、相続財産清算人が借主の**財産の処分**などの業務を行い、その結果処分されなかった相続財産は**国庫に帰属**することとなる。

答4
○

同居者の保護を図るために、借主と同居していた者は、借主の相続人が相続した**建物賃借権**を援用して、賃貸建物への**居住**を継続することができる（最判昭42.2.21）。➡ プラスα

味する。判例では、内縁の夫や内縁の妻、事実上の養子についても賃借権の援用を認めている。

4章 賃貸借契約

LESSON 18 貸主・借主の変更(1)

問1 建物賃貸借契約において、借主は貸主の承諾を得なければ、第三者に対して賃貸建物を転貸することや、賃借権の譲渡をすることができない。

問2 建物賃貸借契約において、建物の賃借権を第三者に対抗するためには、賃貸借の登記を受けなければならない。

問3 建物賃貸借契約において、貸主が当該建物を売却した場合、新所有者が貸主たる地位を承継することになるが、新所有者が借主に賃料の支払いを請求したとしても、新所有者が建物の所有権移転登記を備えていない限り、借主は賃料を支払う必要はない。

問4 建物賃貸借契約において、賃借権の対抗力が備えられた後に、当該建物の所有権が第三者に移転した場合、貸主の地位は建物の新所有者に移転することになるが、貸主の地位を旧所有者に留保する旨の特約も有効である。

●貸主の変更の有無

貸主の地位の移転の有無が問題となるのは、あくまでも賃貸借契↗

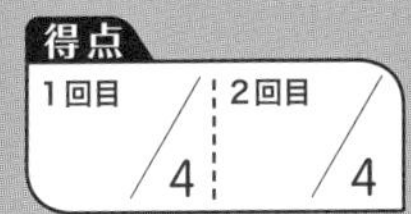

答1 ○

借主は、貸主の**承諾**を得なければ、その賃借権を譲り渡し、又は賃借物を転貸することが**できない**（民法612条1項）。

答2 ×

建物の賃貸借においては、①**賃貸借の登記**を備えた場合、又は②借主が建物の引渡しを受けた場合に、建物の賃貸借の対抗力が備わる（民法605条、605条の2第1項、借地借家法31条）。よって、賃貸借の登記を受けずとも、建物の**引渡し**を受ければ、建物の賃借権を第三者に対抗**しうる**。

答3 ○

賃貸不動産が二重に譲渡され、新所有者であると名乗る者が複数現れた場合、借主は、賃料を二重に請求されるおそれがある。そのような二重払いの危険から借主を保護するため、新所有者は、建物の**所有権移転登記**を備えない限り、借主に対して賃料の支払いを請求することが**できない**（最判昭49.3.19）。

答4 ○

旧所有者と新所有者との間で、賃貸人たる地位を旧所有者に留保し、新所有者が賃貸人たる地位を**承継しない**旨の合意をした場合、その合意は**有効**である（民法605条の2第2項前段）。➡ プラスα

4章 賃貸借契約

約の期間内である。すでに賃貸借契約が終了した後に建物の所有権が移転しても、貸主の地位は移転しない。

LESSON 19 貸主・借主の変更(2)

問1 □□

建物賃貸借契約において、貸主の承諾を得て、その賃借権を譲渡した場合、敷金返還請求権を含めたすべての借主の権利は新借主が承継する。

問2 □□

建物賃貸借契約において、貸主の承諾を得てその賃借権を譲渡した場合、旧借主は、敷金の権利を新借主に承継させる特約を結ぶことによって、敷金返還請求権を新借主に承継させることができる。

問3 □□

抵当権設定登記されている建物において、抵当権が実行され、競売で買受人が当該建物を競落した場合でも、抵当権の実行前に賃貸借契約が締結され引渡しを受けていれば、賃借人は買受人に賃借権を対抗することができる。

問4 □□

建物賃貸借契約の締結前から、当該建物に設定されていた抵当権が実行されて、新所有者が購入した場合であって、競売手続の開始前から建物を使用している借主は、新所有者の買受の時から1年間は、建物を新所有者に引き渡す必要はない。

プラスα

●抵当権

金銭債権等の債権者が、債権の担保として債務者又は第三者から↗

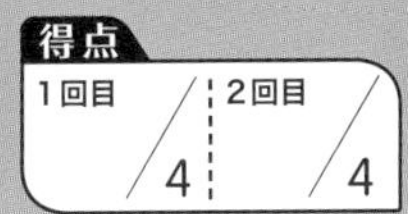

貸主の承諾によって賃借権の譲渡が行われた場合、借主の地位が移転し、旧借主の貸主に対する権利義務は、新借主が承継する。ただし、**敷金**に関する権利義務は、原則として、新借主には**承継されない**（民法622条の2第1項2号）。

答2 ○

貸主の承諾によって賃借権の譲渡が行われた場合、敷金に関する権利義務は、原則として、新借主には**承継されない**（民法622条の2第1項2号）。ただし、この権利が承継されるような特約を結ぶことも**可能**である。

抵当権の実行前に賃貸借契約が締結され賃借人が当該建物の引渡しを受けていても、抵当権設定登記が当該建物の**引渡し前**になされていた場合には、賃借権は抵当権者に対抗することが**できない**。

➡ プラスα

建物賃貸借契約の締結前から、当該建物に設定されていた抵当権が実行された場合、競売手続の開始前から建物の使用収益を行っている借主は、買受人（新所有者）の買い受けの時から**6**か月間は、建物を買受人（新所有者）に引き渡すことを**要しない**（建物明渡猶予制度。民法395条1項1号）。

目的物の占有を移転することなく、その目的物である不動産などにつき、他の債権者に優先して、自己の債権の弁済を受けることができる担保物権。

LESSON 20 使用貸借契約

問1 □□

使用貸借契約も賃貸借契約も諾成契約である。

問2 □□

建物の使用貸借契約には､賃貸借契約と異なり、借地借家法の適用はない。

問3 □□

使用貸借契約の使用借主及び賃貸借契約の賃借人は、使用貸主及び賃貸人に対して、賃料を支払う必要がある。

問4 □□

建物の貸借契約において、使用貸借契約の場合も、賃貸借契約の場合も、いずれにおいても期間満了により契約終了する場合には、正当事由を必要とする。

問5 □□

建物使用貸借契約の借主も、建物賃貸借契約の借主も、対象建物の通常の必要費を負担する。

プラスα

●使用貸借契約の終了および解除

使用貸借契約は借主の死亡により終了する。なお、貸主が死亡し↗

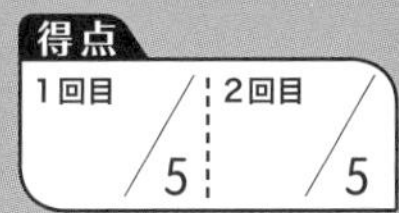

答1 ○ 使用貸借契約も賃貸借契約も、その契約の成立には、目的物の引渡しは必要ではなく、**諾成**契約である（民法 593 条、601 条）。➡ プラスα

答2 ○ 建物の賃貸借には借地借家法が適用**される**が（借地借家法 1 条）、建物の使用貸借については適用**されない**。

答3 × 賃貸借契約の賃借人は、賃貸人に対して、賃料を**支払う**必要があり（民法 601 条）、これに対し使用貸借契約は借主に**無償**で使用させるものである（同法 593 条）。そのため使用貸借契約の使用借主は、使用貸主に対して賃料を支払う必要が**ない**。

答4 × 賃貸借契約の場合、期間満了による賃貸借契約の終了には**正当事由**が必要であるが（借地借家法 28 条）、期間満了による使用貸借契約の終了において正当事由は**不要**である。

答5 × 使用貸借契約の借主は、借り受けた物の通常の**必要費**を負担するが（民法 595 条 1 項）、建物賃貸借契約中に生じた必要費は**賃貸人**の負担である。

た場合は契約は終了しない。また、借主はいつでも使用貸借契約の解除をすることができる。

LESSON 21 賃貸住宅標準契約書

賃貸住宅標準契約書では、期間の定めのない契約が原則になっている。

賃貸住宅標準契約書では、1か月に満たない期間の賃料は日割計算によることとしている。

賃貸住宅標準契約書では、更新料の授受に関する条項が設けられている。

賃貸住宅標準契約書では、敷金及び保証金に関する条項が設けられている。

賃貸住宅標準契約書では、貸主、借主いずれについても、契約期間中に中途解約できる旨の特約を定めている。

建物賃貸借契約に「賃借人が賃借料の支払いを7日以上怠ったときは、賃貸人は、直ちに賃貸物件の施錠をすることができる」との特約を規定した場合、この特約は無効となる。

●公序良俗に反する特約

例えば「賃借人が賃料を滞納した場合、賃貸人は、賃借人の承諾↗

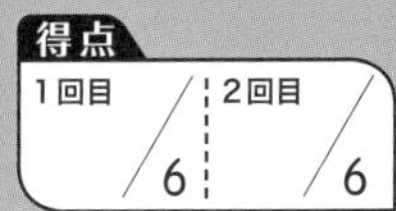

答1 ×
賃貸住宅標準契約書第2条では、**契約期間**が定められている。

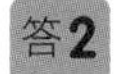
答2 ○
賃貸住宅標準契約書第4条では、1か月に満たない期間の賃料は**日割計算**によることと規定されている。

答3

×
賃貸住宅標準契約書には、更新料に関する規定が**ない**。

答4 ×
賃貸住宅標準契約書第6条には、**敷金**に関する条項はあるが、**敷引**や**保証金**に関する条項は**ない**。

答5 ×
賃貸住宅標準契約書第11条では、**借主**の中途解約については規定しているが、**貸主**の中途解約については規定して**いない**。

答6 ○
判例によると、建物賃貸借契約に「賃借人が賃借料の支払いを7日以上怠ったときは、賃貸人は、直ちに賃貸物件の施錠をすることができる」との特約を規定した場合、**公序良俗**に反するため**無効**となる（札幌地判平11.12.24）。➡ プラスα

を得ずに本件建物内に立ち入り適当な処置を取ることができる」との特約を規定した場合も、公序良俗に反するため無効となる。

コラム

管理受託方式とサブリース方式

賃貸住宅管理は、以下のように管理受託方式とサブリース方式に分かれます。

◆管理受託方式

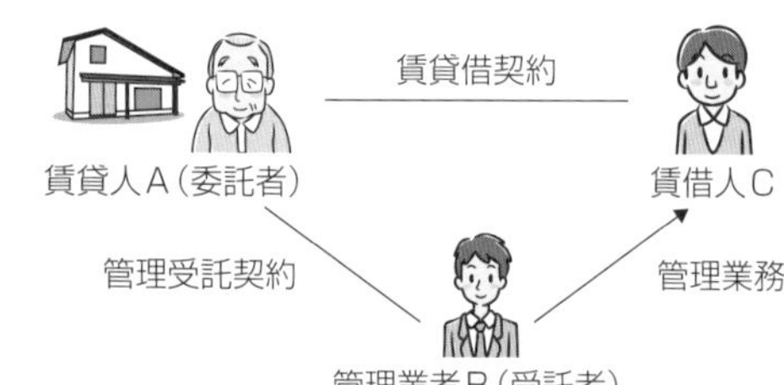

◆サブリース方式

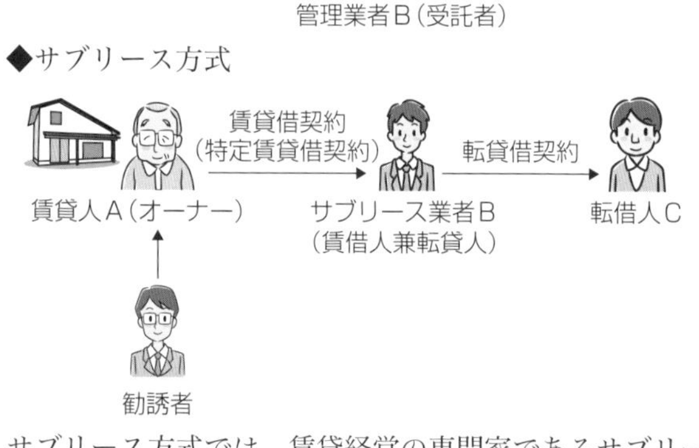

サブリース方式では、賃貸経営の専門家であるサブリース業者・管理業者が、オーナーと特定賃貸借契約（マスターリース契約）を結び、オーナーの物件を借り上げ、借り上げた物件を入居者に転貸します。

サブリース事業では、サブリース業者が賃貸住宅の建築を請け負う業者、賃貸住宅やその土地等の売買の仲介を行う不動産会社と連携し、オーナーになろうとする者に対して勧誘をするケースがあります。このような、サブリース業者がマスターリース契約の締結についての勧誘を行わせる者を「勧誘者」といいます。

5章

金銭の管理

LESSON 1 賃料

問1 建物賃貸借契約書に賃料の支払日について規定を設けていない場合、令和6年12月分の賃料の支払日は令和6年11月30日となる。

問2 貸主が支払期限を知っている通常の場合、賃料債権は、2年の消滅時効に服する。

問3 建物賃貸借契約書に遅延損害金の規定がない場合であっても、借主が賃料の支払いを遅延したとき、貸主は借主に対して年5%の遅延損害金を請求することができる。

問4 建物賃貸借契約において、借主が賃料を支払おうとしたが、貸主がこの受取を拒否した場合であっても、賃料支払義務は消滅しない。

問5 建物賃貸借契約において、借主が賃料を支払おうとしたが、貸主がこの受取を拒否した場合、賃料支払義務を消滅させるための供託をすることができる。

プラスα ●供託
債務を履行する義務のある者などが、国の機関である「供託所」に↗

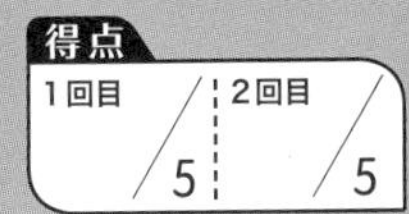

答1 ×

建物の賃料は、**後払い**が原則となっており、特約がない限り、**毎月末**に支払わなければならないとされている（民法614条）。本問の場合は、令和6年**12**月**31**日が賃料の支払日になる。

答2 ×

賃料債権は、債権者（貸主）が権利を行使することができることを**知った**時から**5**年間行使しないときは時効によって**消滅**する（民法166条1項1号）。

答3 ×

賃貸借契約書に遅延損害金の規定がなくても、借主が賃料の支払いを**遅延**したときは、民法上の履行遅滞に基づく損害賠償請求として、貸主は借主に対して**法定利率**（年**3%**）による遅延損害金を請求することができる（民法419条1項）。

答4 ○

借主が賃料を提供して貸主が受領を**拒んだ**場合、借主は、賃料の提供以降の債務不履行責任を**負わなくなる**が、賃料支払義務自体は消滅**しない**。

答5 ○

借主としては賃料を支払う**意思**があるにもかかわらず、貸主が受領するまで、賃料支払義務が消滅しないというのは、借主の地位が不安定なままとなる。そのため、借主の賃料支払義務を消滅させるための制度として**供託**という制度が存在する（民法494条）。➡ プラスα

金銭等を預けることで、その"債務を履行した"ことと同じ効果を与えようとする制度。

LESSON 2

供託・貸主や借主が複数いる場合

問1 建物賃貸借契約において、貸主が死亡し相続人が誰か借主が過失なく分からない場合、借主は賃料を供託することができる。

問2 建物賃貸借契約において、賃料が供託された場合、貸主が供託所から賃料相当額を受け取るときには借主の承諾を要する。

問3 建物賃貸借契約において、貸主が死亡した場合、相続人が複数おり、遺産分割が成立していないときは、賃料債権は、各共同相続人がその相続分に応じて取得する。

問4 建物賃貸借契約において、借主が死亡した場合、相続人が複数おり、遺産分割が成立していないときは、その賃料債務は各共同相続人の不可分債務となる。

問5 建物賃貸借契約において借主が複数人いる場合、特約がなければ、貸主は借主の代表者に対してのみ賃料の請求をすることができる。

プラスα
●遺産分割
複数の相続人の間で相続財産をどのように分配するのかを決定す↗

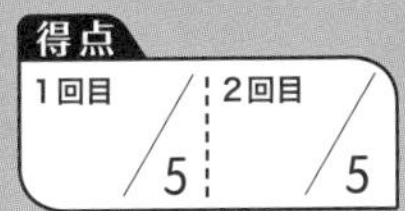

答1

借主は、①貸主が賃料の**受領**を拒むとき（受領拒否）、②貸主が賃料を**受領すること**ができないとき（受領不能）、③借主が過失なく、貸主が誰であるか**確知すること**ができないとき（債権者不確知）のいずれかの場合には賃料を**供託**することができる。

答2

供託された賃料相当額を貸主が供託所から受け取るにあたっては、借主の承諾は**不要**である。

答3

遺産分割が**成立する**までの間の賃料債権については、各共同相続人がその**相続分**に応じて取得する(最判平17.9.8)。➡ プラスα

答4

借主が死亡し、相続人が複数いる場合には、その賃料債務は各共同相続人の**不可分債務**（大判大11.11.24）となる。この場合、遺産分割が成立するまでの間、貸主は各共同相続人に対して**賃料全額**の支払請求をすることができる。

答5
×
賃貸物件の借主が複数いる場合、借主の賃料支払債務は**不可分**の債務であるため、**借主は各自**賃料の**全額**の支払義務を負う。

る分配の手続のことをいう。借主は、貸主の相続人間で遺産分割が成立していない間であっても、賃料の支払義務を負う。

LESSON 3 賃料改定

賃料改定に影響を及ぼす各種要因に変化が生じた場合、賃貸条件を変更すべきかどうかについて直ちに検討することが必要であるが、この賃料改定に影響を及ぼす要因は、新しい駅や道路ができたことや、近くの小学校が廃校になったことなどを総合的に判断することになる。

賃料増減額請求は、相手方に賃料増減請求の意思表示が到達した時点で、建物賃貸借契約締結時に遡って効果が生じることになる。

賃料増減額請求が行われたとき、当事者間の合意のみで対応することはできず、必ず調停によって増減額を行うか否かを決定しなければならない。

賃料増減額請求がなされて、協議が調わず調停・訴訟となった場合、新賃料についての裁判が確定するまでの間は、賃料の増減額請求を受けた者は、相当と認める額の賃料の支払い又は請求をすることができる。

プラスα ●賃料増減請求権
土地・建物に対する租税の増減や土地・建物の価格の上昇・低下↗

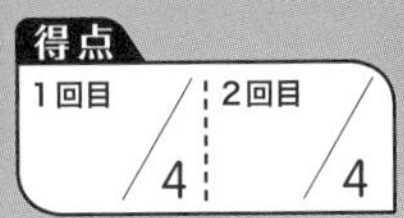

答1 ○

本問の要因のほか、賃貸物件の**状態**の変化や、**税制**の変化、近所に**大型ショッピングモール**ができたことなどがあげられる。

答2 ×

賃料増減額請求は、相手方に賃料増減請求の意思表示が**到達した時点**で、**将来**に向かって効果が生じることになり、増減請求の意思表示が**到達した時点以降**の賃料についてのみ増額又は減額がなされる。➡プラスα

答3 ×

賃料増減額請求が行われた場合、相手方が請求額を**了承**すれば、それ以降の賃料がその請求額に決定される。これに対し、相手方が請求額を**了承**しない場合は、貸主と借主が協議し、協議も調わない場合には**調停**を申し立てることになる。

答4 ○

新賃料についての裁判が**確定するまで**の間は、賃料の増減額請求を受けた者は、**相当と認める額**の賃料の支払い又は請求をすることが**できる**（借地借家法32条2項、3項）。

等の事情により、建物の賃料が不相当となった場合に、将来に向かって賃料の増額又は減額を請求できる権利。

LESSON 4 未収賃料の回収等(1)

問1 □□

賃料の支払期日が到来したにもかかわらず、借主が賃料を支払わない場合、貸主は、賃貸物件内の借主の所有物を売却して未収賃料を回収することができる。

問2 □□

借主との間で事前に「借主が退去後の残置物については所有権を放棄する」という合意書を取り交わしていなくとも、貸主は借主が残していった粗大ごみを処分することができる。

問3 □□

管理受託方式によって賃貸管理業務を行っている管理業者は、貸主に代理して管理業者の名前で、借主に対して未収賃料の回収のための内容証明郵便を発信することはできない。

問4 □□

サブリース方式により管理業者が管理業務を受託した場合、借主に対して未収賃料の回収のための内容証明郵便を発信することができる。

プラスα **●自力救済の禁止**

私人が裁判所による司法手続によらずに実力行使(自力救済という)↗

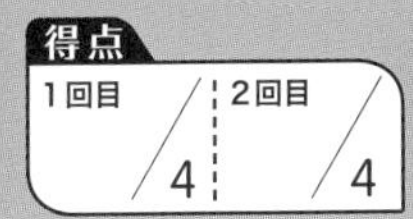

答1 ×

賃料の支払期日が到来したにもかかわらず、借主が賃料を支払わない場合、貸主は、裁判所の**司法手続**を通じて未収賃料を回収する（自力救済の禁止）。➡プラスα

答2 ×

本問の場合、借主から所有権を放棄した旨の意思表示を受けなければ、**損害賠償請求**等を受ける可能性がある。このため、借主との間で事前に**所有権を放棄**する旨の合意書を取り交わすことなどが必要となる。

答3 ○

管理受託方式の場合、管理業者が**貸主**に代理して、管理業者の名前で、借主に対して未収賃料の回収のための**内容証明郵便**を発信することは**非弁行為**に該当し、弁護士法72条に抵触するため、**禁止**される。

答4 ○

サブリース方式の場合、転貸借契約においては「**貸主**」の立場に立つため、転貸借契約の当事者の立場にある。つまり、サブリース方式の場合、当事者である**本人**の立場に立つので、管理業者の行う法律事務は非弁行為には**該当せず**、借主に対しては、管理業者の名前で未収賃料の回収のための内容証明郵便を発信することが**できる**。

をすることは、社会秩序の混乱を招くものとして、禁止される。物件が明け渡されないので賃貸人が勝手に鍵を変えると違法行為となる可能性がある。

LESSON 5 未収賃料の回収等(2)

借主に賃料滞納があって、貸主が催告を行う場合の方法には、単純催告、契約解除予告付き催告、条件付き契約解除通知の３種類がある。

解除の通知や催告を行う際に、内容証明郵便を利用することによって、郵便物が相手方に到達したかどうかや、いつ到達したのかについても証明される。

公正証書が作成されると、その原本は、原則として、公証役場において20年間保管される。

未収賃料の迅速な回収に利用される支払督促は、金銭の請求について貸主が簡易裁判所の裁判所書記官に対して申立てをすると、簡易裁判所の裁判所書記官がその主張の真偽について審理を行い、支払命令を発するものである。

支払督促を受け取った借主は、支払督促に異議がある場合は、送達後２週間以内に督促異議の申立てをし、この異議申立てがあると、地方裁判所又は簡易裁判所の民事訴訟の手続に移行する。

プラスα
●催告の必要性
賃料を滞納した借主に対しては、まず賃料を支払うよう催告をす↗

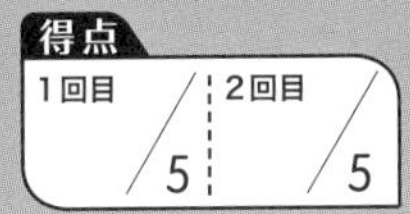

答1 ○ 催告を行う方法は、単純催告、契約解除予告付き催告、条件付き契約解除通知の3種類がある。

➡ プラスα

答2 × 内容証明郵便は、**いつ**、**どのような**内容の通知・意思表示を、**どの相手方**にしたのかを示すことはできるが、相手方に到達したかどうかや、いつ到達したのかについては、**配達証明付き**内容証明郵便としなければ証明**できない**。

答3 ○ 公正証書が作成されると、その原本は、原則として、公証役場において20年間保管される。

答4 × 支払督促とは、金銭の請求について貸主が**簡易裁判所**の裁判所書記官に対して申立てをすると、簡易裁判所の裁判所書記官がその主張の真偽について実質的な**審理を行わず**に、支払命令を発するものである（民事訴訟法382条）。

答5 ○ 支払督促に異議がある場合は、送達後**2週間**以内に督促異議の申立てをし、この異議申立てがあると、地方裁判所又は簡易裁判所の民事訴訟の手続に移行**する**。

る必要がある。相当期間を定めて賃料を支払うよう催告を行い、その後、期間内に支払いがなかった場合にはじめて、解除手続をとるべきである。

LESSON 6 未収賃料の回収等(3)

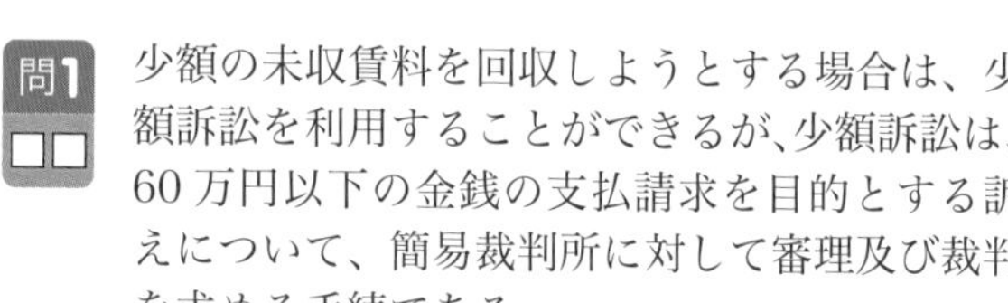

問1 □□

少額の未収賃料を回収しようとする場合は、少額訴訟を利用することができるが、少額訴訟は、60万円以下の金銭の支払請求を目的とする訴えについて、簡易裁判所に対して審理及び裁判を求める手続である。

問2 □□

少額訴訟を提起された場合、被告は必ず少額訴訟の中で対応しなければならない。

問3 □□

少額訴訟を提起された場合、被告が取りうる対抗手段の一つに反訴がある。

問4 □□

民事調停で当事者の合意が成立し、調停調書が作成された後では、不服を申し立てることができない。

問5 □□

民事訴訟で、訴額が60万円を超える場合は地方裁判所に、60万円以下の場合は簡易裁判所に申し立てることになる。

プラスα

●反訴

訴訟の係属中に、被告が原告を相手方として、訴えを提起し、原↗

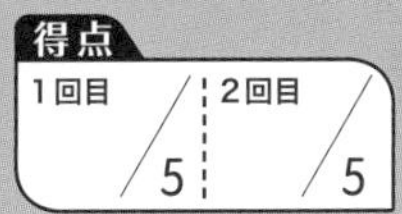

答1

少額訴訟は、60万円以下の金銭の支払請求を目的とする訴えについて、**簡易裁判所**に対して審理及び裁判を求める手続である（民事訴訟法368条1項)。

答2

少額訴訟の被告は、第1回口頭弁論期日で弁論をするまでは、少額訴訟手続ではなく、**通常の訴訟手続**で審理するよう裁判所に求めることができる。

答3

少額訴訟は、**簡易かつ迅速**な審理を行うことを目的とするものであるため、被告が反訴を提起することは**できない**。➡ プラスα

答4

調停調書には確定判決と同一の効力があるため、原則として後から**不服**を申し立てることはできない。

答5
×
民事訴訟で、訴額が140万円を超える場合は地方裁判所に、140万円以下の場合は簡易裁判所に申し立てることになる。60万円は、少額訴訟を提起する際の上限額である。

告が提起した訴え（本訴）と同一の訴訟手続内での審理を求めること。例えば、家屋の明渡請求に対する賃借権の確認請求などがある。

LESSON 7 敷金(1)

建物賃貸借契約において、敷金は、損害賠償額に充当することもできる。

建物賃貸借契約において、借主は賃料債務と敷金返還請求権との相殺を主張することができる。

建物賃貸借契約において発生した未払賃料については、貸主は、契約終了後でなければ敷金から充当することができない。

建物賃貸借契約の終了時に、借主に未払賃料がある場合には、借主は敷金から充当するよう主張することはできない。

敷金返還請求権も債権として第三者に譲渡することができる。

プラスα **●敷金返還請求権の差し押え**
借主の債権者は、債権回収のために、借主の敷金返還請求権を差↗

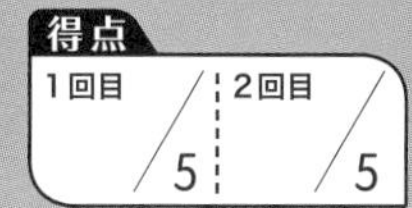

答1 ○

敷金によって担保される債務には、借主の**賃料支払債務**のみならず、借主が負担すべき賃貸物件の**原状回復費用**や、賃貸借契約終了後の明渡しまでの賃料相当額の損害賠償債務なども含まれ、貸主は、原状回復費用や**損害賠償額**に敷金を充当することも**できる**（民法 622 条の 2 第 2 項）。

答2 ×

敷金返還請求権は、賃貸借契約の終了後、**賃貸建物の明渡し完了時**に発生するものであり、賃貸借契約期間中は、敷金返還債務は発生しないため、借主は、賃料債務と敷金返還請求権との相殺をすることが**できない**。

答3 ×

貸主は、敷金の交付を受けた後、賃貸建物の**明渡しまで**の間に生じた未払賃料については、**いつでも**敷金を充当することができる。

答4 ○

未払賃料は、**借主**の側から敷金をもって充当するように主張することは**できない**（民法 622 条の 2 第 2 項）。

答5 ○

敷金返還請求権も債権譲渡の**対象となる**（民法 466 条 1 項）。➡ プラスα

5章 金銭の管理

し押さえることができる。なお、賃貸借契約の継続中など、敷金返還義務が賃貸人に発生していない場合は、差押債権者への敷金の支払義務はない。

LESSON 8 敷金(2)

問1 □□

建物賃貸借契約が終了した場合、敷金の返還と明渡しは、同時履行の関係にある。

問2 □□

敷金契約は、賃貸借契約に付随する契約であるため、敷金契約のみを合意解除することはできない。

問3 □□

敷金は、賃貸借契約上賃借人が負うべき債務の担保として交付されるものであるから、賃貸借契約締結と同時に、又は締結前に交付しなければならない。

問4 □□

敷金返還請求権は、賃貸借契約が終了し、借主が建物を明け渡したときに発生するが､貸主は、借主が建物を明け渡すまでの間に、未払賃料に敷金を充当することもできる。

プラスα **●敷引特約**

交付された敷金について、賃貸借契約の終了後、賃貸建物の明渡↗

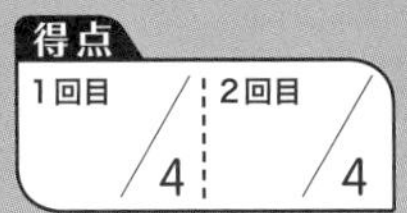

答1 ×

敷金返還債務は、賃貸借契約が終了し、貸主が賃貸物件の**返還**を受けたときに生じるため（民法622条の2第1項1号)、賃貸物件を**明け渡した後**に敷金が返還される。➡プラスα

答2 ×

敷金とは、名目を問わず賃料債務その他の賃貸借に基づいて生じる賃借人の賃貸人に対する金銭の給付を目的とする**債務を担保**する目的で、賃借人が賃貸人に交付する金銭のことをいう（民法622条の2第1項)。この敷金契約は、あくまで賃貸借契約とは**別個**の契約であり、「契約自由の原則」から、敷金契約のみを合意解除することも**できる**。

答3 ×

敷金は、賃貸借契約締結と**同時**に、又は**締結前**に交付されることが一般的である。しかし、敷金契約と賃貸借契約は別個の契約であるため、賃貸借契約締結後に敷金を支払う旨の合意も**有効**である。

答4 ○

貸主は、賃貸借契約中に家賃の滞納などがあれば、契約の**終了前**であっても、その滞納額について、敷金によって充当することが**できる**。

しにおいて、借主が負っている債務の内容にかかわらず、一定額を控除する合意（敷引合意）のことをいう。

LESSON 9 保証(1)

問1 □□ 保証契約は、債権者と保証人となろうとする者の間で締結する。

問2 □□ 保証契約を締結する際に、主たる債務者が保証契約の締結を望まない場合でも、当該保証契約は有効となる。

問3 □□ 建物賃貸借契約についての保証は、必ず賃貸借契約書とは別に保証契約書を作成しなければならない。

問4 □□ 建物賃貸借契約が無効となった場合、同契約についての保証債務も無効となる。

問5 □□ 不動産賃貸借契約における保証について、賃貸人の地位が移転した場合は、保証人は、新賃貸人に対しても保証債務を負うことになる。

問6 □□ 賃貸借契約の保証人は、賃貸物件の明渡し義務を直接負うわけではないが、借主が賃貸借契約の解除後に明渡しを遅延したことによって生じる賃料相当損害金についても保証債務を負う。

プラスα ●保証契約の締結
保証契約は、軽率に締結されることを防ぐため、書面でしなけれ↗

答1 ○

保証契約は、**債権者**と**保証人**となろうとする者の間で締結される。➡プラスα

答2 ○

主たる債務者の意思に**反していても**、債権者と保証人との間で、保証契約を締結することが**できる**。

答3 ×

保証契約は必ず**書面**で行わなければならないが(民法446条2項)、必ずしも賃貸借契約とは別個の契約書による必要は**ない**。

答4 ○

保証債務には**附従性**があり、その一つに主たる債務が存在しなければ、保証債務は**成立しない**という性質がある。このため、建物賃貸借契約が無効となった場合、保証債務は**無効**となる。

答5 ○

保証債務の**随伴性**により、賃貸人の地位が移転した場合、保証債務も随伴して新賃貸人に**移転**することになる。

答6 ○

保証人は、借主ではないので、賃貸物件の明渡し義務を直接負うわけではないが、保証債務の範囲は、主たる債務に関する利息、違約金、損害賠償その他その債務に**従たるすべて**のものに及ぶ(民法447条1項)。

ばその効力を生じない。また、個人が根保証契約を締結する場合には極度額を定めることが必要となる。

LESSON 10 保証(2)

建物賃貸借契約についての保証債務は、建物賃貸借契約とは別個の契約であるが、当該建物の所有権が移転した場合、その保証を行う相手も自動的に新貸主へと変更される。

保証人は、主たる債務者がその債務を履行しない場合に、はじめて債務を履行する責任を負う。

建物賃貸借契約について保証契約が締結されている場合、保証人は建物賃貸借契約が解除されたときの借主の原状回復義務も保証することになる。

Aを貸主、Bを借主として令和6年5月1日に締結された期間1年の建物賃貸借契約において、CはBから委託を受けてAと個人根保証契約を同日締結した。この場合においてBが死亡すると、個人根保証契約の元本は確定する。

プラスα
●内容における附従性
保証債務には、内容における附従性という性質もあり、主たる債↗

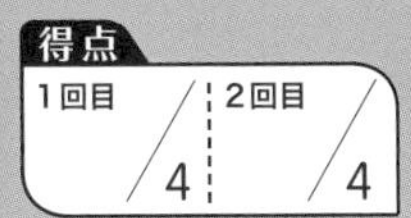

答1 ○

保証契約には、主たる債務者に対する債権が移転すれば、保証債務もともに移転するという**随伴性**がある。貸主が賃貸建物を第三者に**譲渡**した場合、賃料債権は新貸主となる第三者に**移転**するが、この場合、保証契約は終了することなく、保証人は新貸主となる**第三者**に対して保証債務を**負う**ことになる。

答2 ○

保証債務は主たる債務に**従**たる性質を有しており、主たる債務者が債務を**履行しない**ときにはじめて保証人は自分の保証債務を履行すればよい(債務の補充性。民法446条1項)。➡ プラスα

答3 ○

賃貸借契約が債務不履行によって解除された場合における、**原状回復義務**や損害賠償債務も保証債務の範囲に**含まれる**。

答4 ○

主たる債務者又は保証人が**死亡**した場合には、個人根保証契約における主たる債務の元本は、**確定**する（民法465条の4第1項3号)。よって、本問の場合、主たる債務者であるBが死亡すると、元本が**確定**することとなる。

務よりも重い内容となることがない。保証債務が主たる債務より重い内容とする特約を結んだとしても、主たる債務の範囲に限定される。

LESSON 11 会計の基礎・分別管理

問1 □□

企業会計原則は、一般原則、損益計算書原則、貸借対照表原則の３つの原則により構成されている。

問2 □□

真実性の原則とは、資本取引と損益取引を明瞭に区分し、特に資本剰余金と利益剰余金を混同してはならないことをいう。

問3 □□

家賃等を管理する帳簿と賃貸住宅管理業者の固有財産を管理する帳簿の分別については、少なくとも、家賃等を管理する帳簿を同一帳簿として賃貸住宅管理業者の固有財産を管理する帳簿と分別すれば足りる。

家賃等を管理する口座にその月分の家賃をいったん全額預入れし、当該口座から賃貸住宅管理業者の固有財産を管理する口座に管理報酬分の金額を移し替えることは差し支えない。

プラスα **●一般原則**

一般原則は、損益計算書、貸借対照表のいずれにも共通すること↗

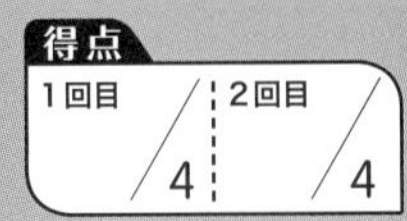

答1 ○ 企業会計原則は、**一般原則**、**損益計算書原則**、**貸借対照表原則**の3つの原則により構成されている。➡ プラスα

答2 × **真実性の原則**とは、企業会計は、企業の財政状態及び経営成績に関して**真実**の報告を提供するものでなければならないことをいう。設問文は、**資本・利益区分の原則**についての説明なので誤り。

答3 × 家賃等を管理する口座と賃貸住宅管理業者の固有財産を管理する口座を別としたうえで、**管理受託契約毎**に金銭の出入を区別した**帳簿**を作成する等により勘定上も分別管理する必要がある（解釈・運用の考え方第16条関係）。

答4 ○ **家賃等**を管理する口座にその月分の家賃をいったん**全額**預入し、当該口座から**賃貸住宅管理業者**の固有財産を管理する口座に管理報酬分の金額を**移し替える**等、家賃等を管理する口座と賃貸住宅管理業者の固有財産を管理する口座のいずれか一方に家賃等及び賃貸住宅管理業者の固有財産が同時に預入されている状態が生じることは**差し支えない**（解釈・運用の考え方第16条関係）。

から、企業会計原則の最高規範とされている。

コラム

管理受託契約重要説明事項

賃貸住宅管理業者が、管理受託契約を締結するまでに、賃貸住宅のオーナーに対して書面を交付して説明しなければならない事項は次のとおりです。

①管理受託契約を締結する賃貸住宅管理業者の商号、名称又は氏名並びに登録年月日及び登録番号
②管理業務の対象となる賃貸住宅
③管理業務の内容
④管理業務の実施方法
⑤管理業務の一部の再委託に関する定めがあるときは、その内容
⑥責任及び免責に関する定めがあるときは、その内容
⑦法第二十条の規定による委託者への報告に関する事項
⑧契約期間に関する事項
⑨報酬、支払時期及び方法に関する事項
⑩賃貸住宅の入居者に対する③ ④の周知に関する事項
⑪⑨の報酬に含まれていない管理業務に関する費用の内容
⑫契約の更新又は解除に関する定めがあるときは、その内容

管理受託契約重要事項説明については、オーナーが契約内容を十分に理解したうえで契約を締結できるよう、説明から契約締結までに1週間程度の期間をおくことが望ましいとされており、説明から契約締結までの期間を短くせざるを得ない場合には、事前に管理受託契約重要事項説明書等を送付し、その送付から一定期間後に、説明を実施するなどして、管理受託契約を委託しようとする者が契約締結の判断を行うまでに十分な時間をとることが推奨されています。

賃貸住宅の維持保全

LESSON 1 建物の保全・維持管理(1)

建築基準法第８条は、「建築物の敷地、構造及び建築設備を常時適法な状態に維持するように努めなければならない」と規定しているが、これは建物管理者にも課せられた義務である。

予防保全は、事故や不具合が生じたときに、直ちに適切な処置を施す保全である。

賃貸住宅に係る維持から修繕までを一貫して行う場合で、賃貸住宅の居室以外の部分のみについて行うときも、賃貸住宅の維持保全に該当する。

建物の維持管理における中心業務は、清掃管理、設備管理、警備、巡回などの日常業務全般と、定期的に管理状況を把握するための点検、保守・修繕である。

プラスα ●賃貸住宅の維持保全
賃貸住宅管理業法では、賃貸住宅の維持保全について「住宅の居／

建築基準法8条が規定する建築物の維持保全に関する義務を負う者は「建築物の所有者、**管理者**又は占有者」であり、建物管理者にもこの義務が課せられて**いる**。

予防保全は、**点検**や**保守**により、故障や不具合に**備え**、又は状況や必要に応じて、事故や不具合が生じる前に**あらかじめ**適切な処置を施しておく保全である。「予防保全」をしておくと、故障の可能性が大幅に減少し、作業も計画的に行うことが可能になる。本問は**事後保全**の定義である。

賃貸住宅に係る維持から修繕までを一貫して行う場合であっても、賃貸住宅の居室以外の部分のみについて行うときは、賃貸住宅の維持保全には**該当しない**（解釈・運用の考え方第2条第2項関係2）。➡ プラスα

建物の維持管理における中心業務は、清掃管理、設備管理、警備、巡回などの**日常業務全般**と、定期的に管理状況を把握するための**点検**、**保守・修繕**である。これらの建物の維持管理を、維持管理計画を立てて、効率的・効果的に実施及び管理していく必要がある。

室及びその他の部分について、点検、清掃その他の維持を行い、及び必要な修繕を行うこと」と定義している。

LESSON 2 建物の保全・維持管理(2)

管理業務として建築物の点検を行う場合、入居者からの情報を活用することが重要である。

建築基準法12条による特定建築物においては、定期的にその状況を調査し、その結果について当該建築物を管理している者に報告することが義務付けられている。

建築基準法12条による特定建築物に該当する共同住宅の定期調査報告は、5年ごとに行わなければならない。

賃貸借契約締結等の判断材料となり得る履歴情報が、賃貸借の意思決定時に適切に提供されることにより、入居後のトラブル防止にもつながる。

建物の履歴情報は、建物の所有者に帰属するものであるが、所有者から管理委託を受けている者が、必要に応じて利用に供することが考えられる。

プラスα ●点検作業を行ううえでの情報の利用
清掃担当者などの巡回者から、気づいた点などの報告を受けるこ／

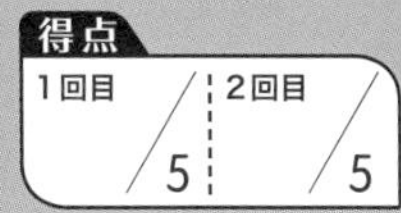

答1 ○

管理業務として建築物の点検を行う場合、**入居者**からの情報を活用することが重要である。

➡ プラスα

答2 ×

特定建築物については、定期的にその状況を一定の有資格者に**調査**・**検査**させて、その結果を**特定行政庁**に報告することが義務付けられている（建築基準法 12 条）。当該建築物を管理している者ではないので**誤り**。

答3 ×

特定建築物の共同住宅の定期調査報告は、3 年ごとに行わなければならない。

答4 ○

賃貸借契約締結等の判断材料となりうる履歴情報が適切に提供されることは、賃貸借契約関係の透明性が確保され、入居後のトラブル防止に**つながる**といえる。

答5 ○

建物の履歴情報は、建物に付随するものであるから、建物の所有者に帰属するが、必要に応じて、所有者から管理委託を受けている管理受託者の利用に供することが**考えられる**。

とで、点検作業の手助けや裏付けになるため、巡回者からの報告も、点検作業を行ううえで有効な情報となる。

LESSON 3 修繕計画

建物の設備は、時間の経過とともに性能や機能が低下し、劣化するため、劣化部分を見つけ次第、修繕を行うようにすればよい。

修繕計画に基づく計画修繕の実施にあたっては、計画された修繕部位についてのみ、現場で点検・調査すればよい。

修繕工事は、入居者に対し事前に十分な説明を行って、理解を求めておく必要がある。

計画修繕を着実にしていくためには、修繕費用に関する資金的な裏付けを得ておく必要があるため、長期修繕計画を策定して、修繕管理の費用を賃貸不動産経営の中に見込んでおく必要がある。

プラスα **●計画修繕の実施**
修繕計画による的確な修繕の実施によって、中・長期的に見ると／

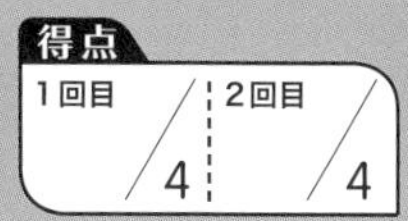

答1 ×

無計画に劣化部分を見つけ次第、修繕を行うのは、貸主にとって予想外の出費が発生し、長期的に見ても非効率・不経済である。そのため、管理業者は**事前**に修繕の時期や内容を予想した**修繕計画**を作成し、貸主に説明をすることで**資金面**を含めた準備を促すことが重要になる。これを計画修繕という。➡プラスα

答2 ×

修繕計画に基づく計画修繕の実施にあたっては、まずは、計画された修繕部位について、現場で**点検**・**調査**したうえで、他に不具合のある箇所がないかも確認するなど、**全体**の状況を把握することが重要である。

答3 ○

修繕工事は、**日常生活**の中で行われるため、騒音や振動、ごみやほこりなどが発生し、入居者や近隣に迷惑を及ぼす可能性があるため、**事前に**十分な**説明**を行って、理解を求めておく必要がある。

答4 ○

長期修繕計画とは、長期的な視野に立って、いつ・どこを・どのように・どのくらいの**費用**で修繕するのかをまとめた計画のことをいう。長期修繕計画の精度を高めるため、**数年**ごとに内容の**見直し**を行うことも必要である。

賃貸経営の収支上、プラスに働く可能性があるため、管理業者には着実に計画修繕を実施することが望まれている。

LESSON 4 土地工作物責任

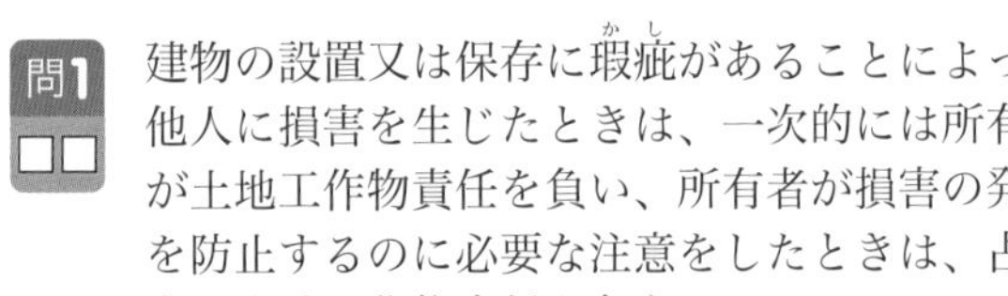

問1 □□
建物の設置又は保存に瑕疵があることによって他人に損害を生じたときは、一次的には所有者が土地工作物責任を負い、所有者が損害の発生を防止するのに必要な注意をしたときは、占有者が土地工作物責任を負う。

問2 □□
建物の管理を行う賃貸住宅管理業者は、建物の安全確保について事実上の支配をなしうる場合、占有者として土地工作物責任を負うことがある。

問3 □□
建物に建築基準法違反があることによって他人に損害を生じたときは、建設業者が損害賠償責任を負うのであって、建物の所有者及び占有者は土地工作物責任を負わない。

問4 □□
設置の瑕疵とは、設置当初から欠陥がある場合をいい、保存の瑕疵とは、設置当初は欠陥がなかったが、設置後の維持管理の過程において欠陥が生じた場合をいう。

問5 □□
土地の工作物の設置又は保存に瑕疵があることによって他人に損害が生じたときの損害賠償責任を、賃貸不動産の管理を受託した賃貸住宅管理業者が負うことはない。

プラスα
●所有者は無過失責任
占有者が損害について免責される場合には所有者が土地工作物責↗

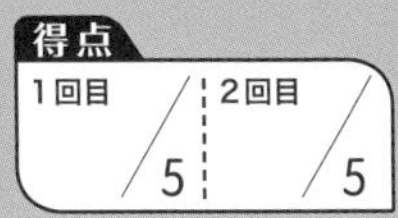

答1 ×

建物の設置又は保存に瑕疵があることによって他人に損害を生じたときは、一次的には**占有者**が土地工作物責任を負い、**占有者**が損害の発生を防止するのに必要な注意をしたときは、**所有者**が土地工作物責任を負う（民法717条1項）。➡ プラスα

答2 ○

管理業者が、賃貸建物の管理を行う者として、当該建物の安全確保に関して事実上の支配をなしうる場合、当該管理業者は当該建物の占有者に該当し、土地工作物責任を**負いうる**。

答3 ×

建物に建築基準法違反があった場合でも、一次的には占有者が、二次的には所有者が土地工作物責任を**負う**。

答4 ○

土地工作物責任（民法717条1項）における「設置」の瑕疵とは、設置**当初から**欠陥がある場合をいい、「保存」の瑕疵とは、設置**当初**は欠陥がなかったが、設置後の**維持管理**の過程で欠陥が生じた場合をいう。

答5 ×

賃貸不動産の管理を受託した管理業者は、土地工作物責任における損害賠償責任を負うことが**ある**。

任を負うが、占有者と異なり、所有者は無過失であった場合でも、第三者に与えた損害について責任を負わなければならない無過失責任を負う。

LESSON 5 建物に関する基礎知識(1)

問1 建物の基礎とは、建物の下部にあって、建物に加わる力（荷重）を地盤に伝える部分のことをいう。

問2 直接基礎とは、建物の荷重を直接、良好な地盤に伝達する形式の基礎のことである。

問3 地耐力とは、地盤が荷重を支える力のことをいう。

問4 地耐力が不十分な地盤については、地盤の改良を行うことや杭基礎による方式を用いることが望まれる。

問5 木造ツーバイフォー工法とは、事前に構成部材を工場で製作し、現場では部材の組立てのみを行う工法である。

問6 木造在来工法のメリットは、建物の重量が軽く、施工しやすいので設計の自由度が高いことである。

プラスα

●杭基礎

基礎には直接基礎のほかにもいくつかの種類があるが、このうち↗

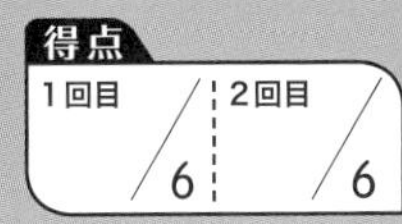

答1 ○

建物の基礎とは、建物の**下部**にあって、建物に加わる力（荷重）を**地盤に伝える**部分のことをいう。

答2 ○

本問のとおり。直接基礎とは、建物の荷重を**直接**、良好な地盤に伝達する形式の基礎のことである。

➡ プラスα

答3 ○

本問のとおり。建物の重量が**軽い**場合や、地盤が良好であり地耐力が**十分**である場合には、**直接基礎**を採用して荷重を支持することができる。

答4 ○

地耐力が不十分な地盤では、**地盤**の改良を行うことや**杭基礎**を施すなどの対応が必要になる。

答5 ×

木造ツーバイフォー工法とは、木造枠組壁工法ともいい、**枠組み**に構造用合板を張った壁や床によって構成された**壁式構造**の工法をいう。本問は、プレハブ工法の定義である。

答6 ○

木造在来工法のメリットは、建物の重量が軽く、施工しやすいので**設計の自由度が高い**ことである。これに対し、デメリットは、**防火**、**耐火性能**が他の建築構造よりも劣ることである。

杭基礎とは、建物の荷重を杭によって支える形式の基礎のことをいい、軟弱な地盤に建物を固定するために用いられる。

LESSON 6 建物に関する基礎知識(2)

鉄骨鉄筋コンクリート造は、柱や梁などの基本構造に鉄骨を使用する構造である。

鉄筋コンクリート造は、熱により鉄が急速に酸化するため、耐火性に優れていない。

鉄骨造は、風や地震などによる揺れの影響を受けやすい。

壁式構造とは、柱や梁を設けずに、壁体や床板などの平面的な構造体のみで構成する構造方式である。

ラーメン構造とは、柱と梁を別々に強固に設置した骨組構造である。

プラスα

●壁式鉄筋コンクリート造

鉄筋コンクリート構造の一つである壁式鉄筋コンクリート造は、↗

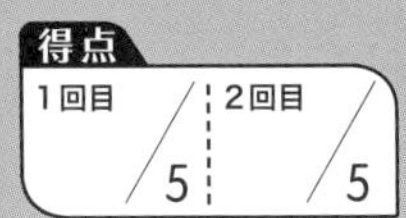

答1 ×

鉄骨鉄筋コンクリート造は、鉄骨を取り巻くように鉄筋を配置して**型枠**を囲み、コンクリートを流し込んで、**一体化**させて造る工法であり、**高層建物**に多く採用される。本問は鉄骨造の定義である。

答2 ×

鉄筋コンクリート造は、**耐火性**のほか、**耐久性**にも優れている。➡ プラスα

答3 ○

鉄骨造は、風や地震などによる**揺れの影響**を受けやすい。その他のデメリットとしては、外壁の目地の**メンテナンス**が必要となることや、木造に比べて**工事費**が高いということがあげられる。

答4 ○

壁式構造とは、柱や梁を設けずに、壁体や床板などの**平面的な構造体**のみで構成する構造方式である。壁式構造は、壁厚や壁量、階高などに力学的な観点からの安全性を確保するための制限が設けられているため、一般に、非常に剛な構造とすることが可能となる。

答5 ×

ラーメン構造とは、柱と梁を**一体化**した骨組構造をいう。柱と梁による「**枠**」によって建物を構成するため、壁の位置を比較的自由に移動することができる。

耐力壁、床スラブ、壁ばりによって構成され、建設可能な建物の階数、高さ、単位面積当たりの必要壁量や厚さ等が法令で規定されている。

LESSON 7 耐震診断・補強(1)

木造住宅の耐震診断を行う際には、まず一般人による「一般診断法」による診断を行い、その結果、建物に心配がある場合、建築士や工務店などの専門家による「精密診断法」による診断を実施する。

免震構造とは、建物に地震力が伝わりにくくするために、建物の階の間ごとにクッションを設け、地震による揺れを低減させる構造をいう。

耐震構造とは、建物に入った地震力を吸収するダンパーなどを設置する構造である。

制震構造の建物では、その制震の装置を定期的に点検する必要はない。

プラスα

●耐震構造

鉄筋コンクリート造建物を耐震構造でつくる場合は、コンクリー↗

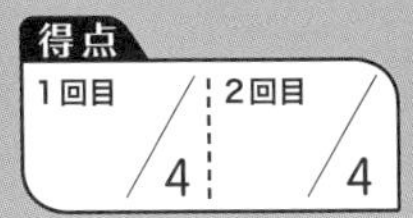

『2012年改訂版 木造住宅の耐震診断と補強方法』（一般財団法人日本建築防災協会発行）によれば、木造住宅の耐震診断では、まず一般人による「**誰でもできるわが家の耐震診断**」を行い、その結果、建物に心配がある場合、建築士や工務店などの専門家による「**一般診断法**」、もしくは原則として、建築士による「**精密診断法**」による診断を実施する。

答2 ×

免震構造とは、建物に地震力が伝わりにくくするために、**基礎**と**建物本体**との間にクッションを設け、地震による揺れを低減させる構造をいう。

答3 ×

耐震構造とは、建物の**剛性**を高め、構造の**強さ**（耐力）や**粘り**（変形能力）で地震力に抵抗する構造である。建物に入った地震力を吸収するダンパーなどを設置する構造は**制震構造**の定義である。

➡ プラス α

制震構造では、一般的には点検は**不要**である。なお、特定建築物に該当する場合、免震構造では定期的な点検を要する。

トの強度を上げたり、鉄筋量を増やしたり、耐震壁をバランスよく配置することによって建物を堅固な構造にするのが原則である。

LESSON 8 耐震診断・補強(2)

耐震診断は、建物に必要とされる耐力と保持可能な耐力を比較し、評価するものである。

特定既存耐震不適格建築物の所有者は、耐震診断を行い、診断の結果、地震に対する安全性の向上を図る必要があると認められるときは、耐震改修を行わなければならない。

昭和 56 年 5 月 31 日以前に新築の工事に着手した賃貸住宅（共同住宅に限る）は、特定既存耐震不適格建築物となる。

共同住宅である賃貸住宅においては、耐震診断と耐震改修を行うことについての努力義務が規定されている。

プラスα

●既存不適格建築物

建築基準法の規定の施行や改正の際、すでに建っている建築物や↗

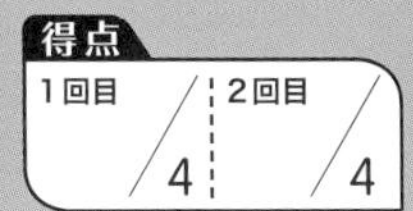

答1 ○

耐震診断は、建物に**必要とされる**耐力と**現に保持している**耐力を比較し、不足している場合は、地震によりどの程度の被害が想定されるのかを**評価**するものである。

答2 ×

特定既存耐震不適格建築物の所有者は、**耐震診断**を行い、その結果、地震に対する**安全性**の向上を図る必要があると認められるときは、特定既存耐震不適格建築物について耐震改修を行うよう**努め**なければならない。➡ プラスα

答3 ×

特定既存耐震不適格建築物とは、賃貸住宅（共同住宅に限る）では3階以上で床面積1,000㎡以上のもので、建築基準法の耐震規定に適合しないもの（不明な場合は昭和56年5月31日以前に新築工事に着手していること）が対象となり、**すべて**が該当するわけではない。

答4 ○

平成25年の耐震改修促進法改正により、**共同住宅**である賃貸住宅においては、**耐震診断**と**耐震改修**を行うことについての**努力義務**が規定された。

工事中の建築物のことを既存不適格建築物という。現行の建築基準法の耐震関係規定に適合しない建物などが対象となる。

LESSON 9 屋根、外壁、漏水、防水(1)

問1 □□

屋根の種類のうち、傾斜屋根とは、平坦な躯体部に防水を施し、水勾配や排水溝、排水管を設置して雨水を排水することができる屋根をいう。

問2 □□

コンクリートの打ち放しでは、コンクリート自体の塩害、中性化、凍害などを点検する必要がある。

問3 □□

傾斜屋根（カラーベストなど）の屋根表面の塗膜の劣化による、色あせ、錆、表面温度の上昇などによって、屋根材の割れや漏水などが発生することがある。

ルーフバルコニーでは、防水面の膨れや亀裂、立ち上がりのシーリングの劣化などは発生しない。

外壁タイルやモルタル塗りでは、下地のコンクリートや下地モルタルとの付着力が低下しても、剥落事故は起こらない。

外壁の種類のうち、サイディングパネルとは、壁材の表面にタイルを張り付けたものである。

プラスα

●モルタル塗り

モルタル塗りとは壁材の表面にモルタルを塗り、吹き付け材等の↗

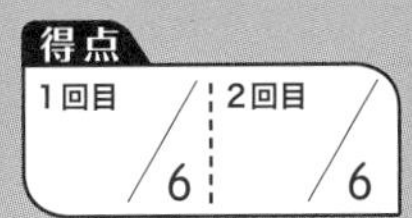

答1 ×

傾斜屋根とは、**傾斜**をもたせることにより雨水などを**排水**させる形状をした屋根をいう。本問は、陸屋根の定義である。

答2 ○

コンクリートの打ち放しでは、コンクリート自体の**塩害**、**中性化**、**凍害**などが雨漏りやコンクリートの**劣化**につながるので、点検する必要がある。

答3 ○

傾斜屋根（カラーベストなど）の屋根表面の塗膜の劣化による、色あせ、錆、表面温度の上昇などによって、屋根材の**割れ**や**漏水**などが発生することが**ある**。

答4 ×

ルーフバルコニーでは、防水面の**膨れ**や**亀裂**、立ち上がりのシーリングの**劣化**などが発生するため、定期的な**点検**や**補修**が必要である。

答5 ×

外壁タイルやモルタル塗りでは、下地のコンクリートや下地モルタルとの**付着力**が低下することによって、**剥落**事故が発生する可能性が**ある**。

➡ プラスα

答6 ×

サイディングパネルとは、セメント・金属板などを原料とした**板状の壁材**を外壁に接着したものである。本問はタイル張りの定義である。

塗装を施した外壁である。2～3年を目安にひび割れや剥離の点検を行うなど、維持保全計画を立てることが重要となる。

LESSON 10 屋根、外壁、漏水、防水(2)

雨水による漏水については、建物の最上階では、屋上や屋根、ひさしからの漏水が多くなり、建物の中間階では、外壁や出窓、ベランダからの浸水が多くなる。

外壁がタイル張りの場合、タイルの隙間から漏水が発生することが多い。

浴室やトイレなどの換気扇の排気口から雨水が浸入して漏水することもある。

防水の方法には、コンクリートのつなぎ目や接合部に線状に防水するメンブレン防水と、屋根・屋上などの全面に薄い皮膜を形成して、雨水の浸入を防止するために行う面状の防水であるシーリング防水がある。

プラスα
●漏水の調査
配管からの漏水の場合、床下やスラブの埋設配管、壁の内側に隠↗

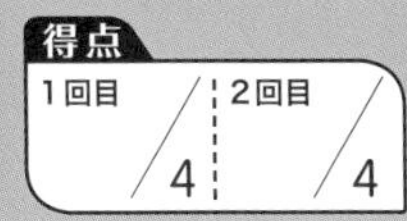

答1 ○

雨水による漏水については、建物の最上階では、**屋上**や**屋根**、**庇**からの漏水が多くなり、建物の中間階では、**外壁**や**出窓**、**ベランダ**からの浸水が多くなる。また、屋上や屋根からの漏水は、防水部材の劣化・破損を原因とするものや、コンクリートなどの構造部材のクラック・破損を原因とするもの、雨水の排水設備の不良を原因とするものなどが考えられる。➡プラスα

答2 ×

外壁がタイル張りの場合、タイルの**剥がれ**やコーキングの**劣化**が原因となって漏水が発生することが多い。

答3 ○

浴室やトイレなどの換気扇の**排気口**から雨水が浸入して漏水することもある。その他、出窓の場合は、出窓の屋根と外壁との**取り合い**箇所、サッシ周りが**雨水の浸入**により漏水する原因となることが多く、ベランダの場合は、床表面の**傷**・**破損**が原因となって漏水することがある。

答4 ×

メンブレン防水とは、屋根、屋上などの全面に**薄い皮膜**を形成して、雨水の浸入を防止するために行う**面**状の防水であり、シーリング防水とは、コンクリートの打ち継ぎ部、目地部、接合部などに**シーリング材を充填**する**線**状の防水である。

れた配管などからの漏水の可能性もあるため、その有無の調査のために床や壁などを壊す必要があり、入居者への影響が生じる。

LESSON 11 建築法規(1)

用途地域とは、都市計画法の地域地区の一つで、用途の混在を防ぐことを目的として、住居系、商業系、工業系の三つの区分に分けられている。

内装制限とは、火災による内部延焼を防ぐため、建物の広さに応じて、内装材料などに加わる制限のことである。

採光規定は、事務所や店舗用の建築物に対しては、適用されない。

住居の居室では開口部の面積のうち、採光に有効な部分の面積は、その居室の床面積に対して、政令で定める割合以上としなければならない。

襖(ふすま)など常に開放できるもので仕切られた2つの居室は、採光規定では1室とみなすことができるが、換気規定では1室とみなすことはできない。

プラスα

●用途変更に伴う改築

事務所や店舗用の建築物のような採光規定が適用されない建築物↗

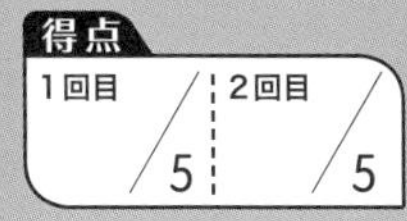

答1 ○

用途地域とは、都市計画法の地域地区の一つで、用途の**混在を防ぐ**ことを目的として、住居系、商業系、工業系の3区分13種類がある。

答2 ×

内装制限とは、建築基準法により、火災による**内部延焼**を防ぐため、建物の**用途規模**に応じて、内装材料などに加わる制限のことで、新築時のみではなく、賃貸借契約による内部造作工事も対象となるものである。「建物の**広さ**」ではなく、「建物の**用途規模**」に応じて制限が決定する。

答3 ○

建築基準法28条1項により、採光規定は、**事務所**や**店舗用**の建築物には適用されない。➡ プラスα

答4 ○

住居の居室では開口部の面積のうち、**採光**に有効な部分の面積は、その居室の床面積に対して、政令で定める割合**以上**としなければならない（建築基準法28条1項）。

答5 ×

採光規定でも換気規定でも、襖など**常に開放**できるもので仕切られた2つの居室は1室とみなすことができる。

プラスα を住宅に用途を変更して改築する場合は、採光規定が適用されることとなるから、採光規定による制限をいかに充足するかが課題となることが多い。

LESSON 12 建築法規(2)

平成15年7月1日着工以降の建築物は、シックハウス対策として、その居室内においてクロルピリホス及びホルムアルデヒドの発散による衛生上の支障がないように、建築材料及び換気設備に関する一定の技術的基準に適合しなければならない。

主要構造部には、間柱、小ばり、屋外階段、ひさしも含まれる。

法令により、居室の天井高は2.1m以上としなければならないが、1室の中で、天井の高さが異なる場合や、傾斜天井の場合は、最も低い部分の天井高が2.1m以上あることが必要になる。

8階建てのマンションは、直通階段を二つ以上設ける必要がある。

敷地内の避難通路においては、屋外への出口又は屋外避難階段から道路その他の空き地までは、幅2m以上の通路を設けなければならない。

プラスα
●二つ以上の直通階段が必要となる場合
その階における居室の床面積の合計が100㎡を超える(耐火構造↗

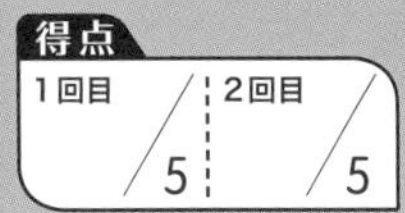

平成15年7月1日着工以降の建築物であって**居室**を有する建築物は、**建築材料**及び**換気設備**に関する一定の技術的基準に適合しなければならない。なお、**居室**を有さない建築物については、規制の対象と**ならない**。

主要構造部とは、**壁**、**柱**、**床**、**はり**、**屋根**又は**階段**をいい、間仕切壁、**間柱**、付け柱、揚げ床、最下階の床、回り舞台の床、**小ばり**、**ひさし**、局部的な小階段、**屋外階段**その他これらに類する建築物の部分を**除く**ものと定義されている。

居室の天井高は**2.1**m以上としなければならない。また、1室の中で、天井の高さが異なる場合や、傾斜天井の場合は、**平均**の天井高が**2.1**m以上あることが必要になる。

答4
○

6階以上の階であって居室を有する場合には、原則として、直通階段を**二**つ以上設けなければならない。➡ プラスα

敷地内の**避難通路**においては、屋外への出口又は屋外避難階段から道路その他の空き地までは、幅**1.5**m以上の通路を設けなければならない。

・準耐火構造の場合は200㎡）場合にも、原則として直通階段を二つ以上設けなければならない。

LESSON 13 換気設備

問1 □□

自然換気は、換気扇や送風機等を利用しない方式であるため、建物内外の自然条件によっては、安定した換気量や換気圧力を期待することはできない。

問2 □□

給気側にファンを用いて、排気口と組み合わせて用いる方式では、室内は正圧になる。

問3 □□

給気、排気ともに機械換気とする方式は、機械室及び電気室以外の部屋に用いられる。

機械換気設備の種類のうち、第1種換気とは、給気機と排気口の組み合わせで、給気にのみファンを使用し、室内を正圧にすることで、天井裏などからの空気の侵入を抑制する方式である。

平成15年7月1日から、シックハウス症候群の原因となる揮発性有機化合物の除去対策として、新築住宅には、一部の例外を除いて、夜間稼働する機械換気設備の設置が義務付けられている。

プラスα ●機械換気設備

換気は、自然換気と機械換気に大別されるが、機械換気設備とは↗

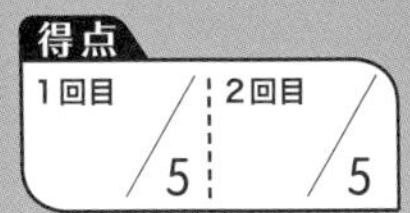

答1 ○

自然換気は、室内と室外の温度差による対流や風圧などの**自然条件を利用**した換気方式である。換気扇や送風機、エアコンなどを利用しないことから、建物内外の自然条件によっては、安定した換気量や換気圧力は**期待できない**。

答2 ○

給気側にファンを用いて、排気口と組み合わせて用いる方式は、第**2**種換気に該当し、室内は**正圧**になる。

答3 ×

給気、排気ともに機械換気とする方式は、第**1**種換気に該当し、居室に用いられる熱交換型換気設備や**機械室**、**電気室**などに採用される。

答4 ×

第1種換気とは、**給気機**と**排気機**の組み合わせで、給気と排気の**双方**にファンを使用するものである。第1種換気は、居室に用いられる熱交換型換気設備や機械室、電気室などに採用される。本問は第2種換気の定義である。

答5 ×

平成15年7月1日から、シックハウス症候群の原因となる揮発性有機化合物の除去対策として、新築住宅には、一部の例外を除いて**24時間**稼働する機械換気設備の設置が義務付けられている。

換気扇、送風機等の機械を利用して換気を行うための装置である。機械を給気と排気の双方又は一方に使用する。

LESSON 14 住環境の整備

問1 管理業者が除草するために、除草剤を散布する際には、入居者や近隣へ事前通知を行って、洗濯物やペットなどを室内に一時移動するなどの協力を求めることが重要である。

問2 集合住宅の共用部分に私物が放置されていて、その所有者が不明なとき、管理業者が直ちに当該私物を廃棄することはできない。

問3 管理業者は、管理物件の天井の清掃や電球の交換、窓のサッシのほこりのふき取りなどのように、脚立を使用する必要がある清掃作業においては、脚立の転倒を防ぐために、脚立を支える作業員を用意し、2名以上で行う必要がある。

問4 日常清掃業務とは、毎月1度行うことを目安とする。

問5 定期清掃業務とは、建物の共用部分の掃き掃除・拭き掃除が中心となる。

プラスα **●私物の撤去**
共用部分に私物が放置されている場合、管理業者としては、まず↗

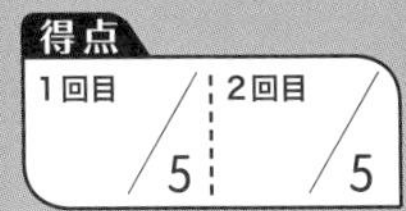

答1 ○

除草剤の散布にあたっては、**アレルギー**問題や健康被害が発生するケースも想定されるため、安全性に配慮して慎重に行う必要がある。入居者などはもとより、**近隣**へも事前通知を行い、洗濯物やペットの室内への**一時移動**などの協力を求めるべきである。

答2 ○

賃貸物件の共用部分に私物が放置されている場合、管理業者が直ちに自らその私物の移動や撤去をすることは、所有者に対する**権利侵害**につながるため**避けるべき**である。➡ プラスα

答3 ○

脚立を要する作業は、**2名以上**で行うべきである。高所作業になることも多く、脚立の支えなど、**複数名**の対応が必要となる。

答4 

日常清掃業務とは、管理員又は清掃員が、建物の**共用部分**を対象に、毎日又は週**2**、**3**回行う**日常的**な清掃業務である。

答5 

定期清掃業務とは、月に**1**回、又は**2**か月に1回など**周期**を定めて行う清掃業務で、主に機械を使用した、床のワックスがけ、シミ抜きなど、**専門的な技術**を要する清掃が中心となる。

は放置されている私物の所有者の確認・把握をし、所有者が判明した場合にはその所有者に対して撤去するよう求めるべきである。

LESSON 15 給水設備・給湯設備等(1)

給水設備の直結増圧方式は、水道本管から分岐して引き込んだ上水を増圧給水ポンプで各住戸へ直接給水する方式であり、大規模なマンションやビルを対象とする方式である。

給水方式のうち、圧力タンク方式とは、水道本管から分岐して引き込んだ上水を、いったん受水槽に貯め、加圧ポンプによって加圧した水を直接、各住戸へ給水する方式である。

室内の配管方式のうち、先分岐方式とは、室内に引き込んだ給水管を分岐させて、キッチンやトイレなどへ給水する方式である。

給水設備の水槽内には、水位を調整するためのボールタップや電極棒などが付属している。

給水設備内のポンプの故障から、ポンプを復旧させるためには、ポンプ制御盤のスイッチで手動運転に切り替えて、手動で健全なポンプを稼働させて給水する。

プラスα

●さや管ヘッダー方式

室内の配管方式には先分岐方式のほかに、さや管ヘッダー方式が↗

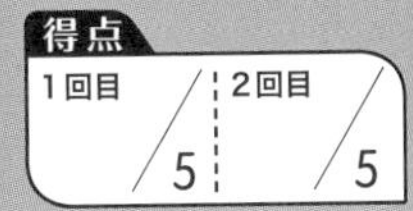

答1 ×

直結増圧方式は、大量の水を同時に**使用しない**建物を対象とするため、**中規模**以下のマンションやビルに用いることが適当である。

答2 ×

圧力タンク方式とは、水道本管から分岐して引き込んだ上水を、いったん受水槽に貯め、加圧ポンプによって**圧力タンク**に給水して、**圧力タンク**内の**空気を圧縮**し加圧させて各住戸へ給水する方式をいう。本問は、加圧給水方式の定義である。

答3 ○

先分岐方式とは、室内に引き込んだ**給水管を分岐**させて、キッチンやトイレなどへ給水する方式である。➡ プラスα

答4 ○

給水設備の水槽内には、水位を調整するための**ボールタップ**や**電極棒**などが付属している。ボールタップや電極棒が故障すると、満水になったり、逆に減水になったりすることがある。

答5 ○

本問のとおり。このケースのほか、水槽内の**電極棒**の故障によってポンプが作動しない場合にも、**手動**で水槽内に給水する必要がある。

あり、水回り部に設置されたヘッダーから管をタコ足状に分配して、水栓などの各器具に接続する方式をいう。

LESSON 16 **給水設備・給湯設備等(2)**

問1 □□

逆サイホン作用により、一度吐水した水や飲料水以外の水が飲料水配管へ逆流することがある。

問2 □□

給湯設備における中央給湯方式は、建物の屋上や地下の機械室に熱源機器と貯湯タンクを設け、建物各所へ配管して給湯する方式である。

問3 □□

給湯配管には、被覆銅管が使われている。

問4 □□

給湯方式のうち、飲用給湯方式とは、各戸・各室ごとに給湯器を設置し、各給湯箇所へ配管して給湯する方式をいう。

問5 □□

家庭用燃料電池は、エネファームともいい、電気と同時に発生する熱を回収し、給湯に利用するシステムである。

プラスα **●ガス給湯機の号数**

ガス給湯機に表示される号数は、1分間に現状の水温+25℃の↗

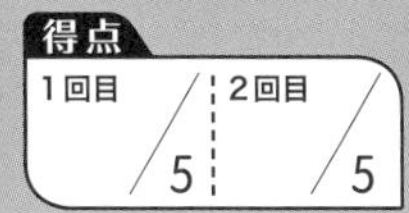

答1 ○

逆サイホンは、飲料水配管内が断水などの原因で**負圧**になったときに、一度吐水した容器内の水が**逆流**する現象で、飲料水の汚染の原因の一つとなる。

答2 ○

給湯方式は、湯を使用する箇所ごとに加熱装置を設け、個別に湯を出す飲用給湯方式（局所式）と、建物の屋上や地下の**機械室**に熱源機器と貯湯タンクを設け、配管により所要箇所に給湯する**中央**（セントラル）給湯方式に大別される。

答3 ×

給湯配管には、かつては被覆銅管が使われていたが、近年では耐熱性に優れる樹脂管である**架橋ポリエチレン管**や**ポリブテン管**などが使用される。

答4 ×

飲用給湯方式とは、台所の流しに**ガス瞬間湯沸器**を置くなど、給湯する**箇所**ごとに給湯器を設置する方式をいう。本問は、局所給湯方式の定義である。➡ プラスα

答5 ○

家庭用燃料電池は、エネファームともいい、**電気と同時に発生する熱**を回収し、給湯に利用するシステムである。なお、ヒートポンプの原理を利用し、大気から集めた熱を利用して湯を沸かす機器のことを**ヒートポンプ給湯機**という。

お湯をどれだけの量（リットル）を出せるか表した数値であり、24号なら水温15℃の時、40℃のお湯を1分間に24リットル供給できる。

LESSON 17

排水・通気設備

問1 □□

排水は、汚水（トイレの排水）、雑排水（台所・浴室・洗面台・洗濯機などの排水）、雨水に分類できる。

問2 □□

排水は、汚水・雑排水・雨水を建物の敷地の外に排出するが、排水管内の臭気を室内に拡散することを防ぐことはできない。

問3 □□

排水は、地盤面より高い部分及び横引き管の部分は、汲み上げ式による排水を行い、地盤面より低い部分は、重力式流下による排水を行う。

問4 □□

通気設備の種類のうち、通気立て管方式とは、排水立て管の先端を延長した管を、屋上又は最上階の外壁などの部分で大気に開口する方式をいう。

問5 □□

特殊継手排水方式は、排水横枝管の接続器具数が比較的少ない集合住宅や、ホテルの客室系統に多く採用されている。

プラスα

●通気設備

通気設備とは、排水トラップ内の封水が破れること（破封）を防止↗

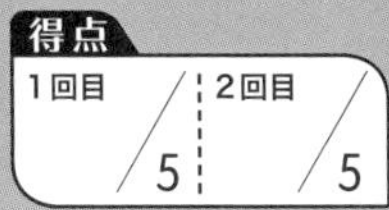

答1 ○

排水は、**汚水**（トイレの排水）、**雑排水**（台所・浴室・洗面台・洗濯機などの排水）、**雨水**に分類できる。

答2 ×

排水は、汚水・雑排水・雨水を建物の敷地の外に**排出**すると同時に、排水管内の臭気を室内に拡散**させない**ようにするものである。

答3 ×

排水は、地盤面より高い部分及び横引き管の部分は、**重力式流下**による排水を行い、地盤面より低い部分は、**汲み上げ式**による排水を行う。問題は、重力式流下と汲み上げ式の説明が**逆**になっている。

答4 ×

通気立て管方式とは、排水立て管と通気立て管の**2**本を設置して、最下層よりも**低い**位置で排水立て管に通気立て管を接続するか、通気立て管を**単独**で**直接大気**に開口する方式をいう。問題の説明は、伸頂通気方式の定義である。➡ プラスα

答5 ○

特殊継手排水方式を採用した建物では**通気立て管**を設置する必要が**ない**ため、排水横枝管の接続器具数が比較的少ない**集合住宅**や、**ホテル**の客室系統に多く採用されている。

するとともに、排水管内の気圧と外圧の気圧差をできる限り生じさせないようにすることで、排水の流れをスムーズにするための管のことをいう。

共同住宅では、電力会社の電気を共同引込線によって建物内に引き込むが、供給電圧によって、低圧引込み、高圧引込み、特別高圧引込みの3種に分けられる。

共同住宅で、電力会社から電力供給を受ける場合には、必ず電気室を設けなければならない。

電力会社との契約電力が50キロワット以上の場合のみ、電力の需要者の土地又は建物内に、変圧器などの電力の供給施設が設置されることがある。

一定規模以上の共同住宅で、各住戸と共有部分の契約電力の総量が50キロワット以上のときは、6,000ボルトの高圧引込みとなり、受変電設備を用意する必要がある。

建物への電力の共有方式のうち、借柱方式とは、建物内の一室を変圧器室として、電力会社へ提供する方式をいう。

建物への電力の供給方式のうち、借棟方式とは、建物の敷地内に変圧器棟を設置することで電力を供給する方式をいう。

プラスα
●キュービクル方式
建物への電力の供給方式にはキュービクル方式もある。これは、↗

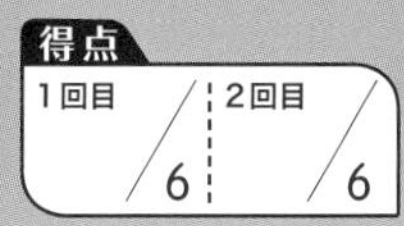

答1 ○

電力会社からの電力供給は、低圧引込み、高圧引込み、特別高圧引込みの3種に分けられる。

答2 ×

低圧引込みの場合、建物全体で契約電力が50キロワット以下の場合、電気室の設置は**不要**である。

答3 ×

電力会社との契約電力と、契約電流又は契約容量との**合計**が**50**キロワット以上の場合に、電力の需要者の土地又は建物内に、変圧器などの電力の供給施設が設置されることがある。

答4

一定規模以上の共同住宅で、各住戸と共有部分の契約電力の総量が**50**キロワット以上の場合は、**6,000**ボルトの高圧引込みとなり、**受変電設備**の設置が**必要**となる。

答5

借柱方式とは、**電柱上**に変圧器を設置することで電力を供給する方式をいう。問題の説明は、借室方式の定義である。➡プラスα

答6 ○

借棟方式とは、建物の敷地内に**変圧器棟を設置**することで電力を供給する方式をいう。

プラスα 建物の敷地内の屋外にキュービクル式高圧受電設備を設置することで電力を供給する方式をいう。

LESSON 19 電気設備(2)

問1 住戸に供給される電力の単相3線式では、3本の電線のうち、一番上の中性線と真ん中の電圧線を利用すれば100ボルト、中性線以外の、真ん中と一番下の電圧線を利用すれば200ボルトが利用できる。

問2 建物の廊下や階段が外部に開放されている場合は、天井灯や階段室の照明に雨水や湿気が入り込むことにより、錆が発生して劣化する可能性が高くなる。

問3 建物の廊下などの照明について、タイマーによって点灯時間を制御している場合は、毎日決められた時間に点灯するようにしておく必要がある。

問4 遮断器が落ちて停電した場合には、分電盤を調べ、遮断器が落ちている回路を再び通電させて、再度停電したときは、その回路を切って、専門業者に原因究明と修理を依頼する必要がある。

問5 ELB（アース・リーク・ブレーカー）は、電気配線や電気製品の故障や傷みによる漏電を素早く察知し、回路を遮断することによって感電や火災を防ぐ器具である。

プラスα
●単相3線式と単相2線式
単相3線式は、3本の電線の組み合わせにより、100ボルト又は↗

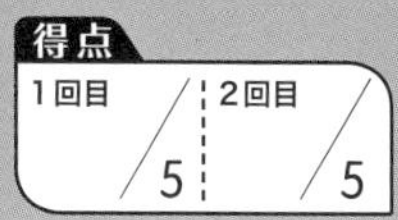

答1 ×
住戸に供給される電力の単相3線式は、3本の電線のうち、真ん中の**中性**線と上又は下の**電圧**線を利用することで100ボルト、中性線以外の上と下の電圧線を利用することで200ボルトが利用できる方式である。➡プラスα

答2 ○
建物の廊下や階段が外部に開放されている場合、天井灯や階段室の照明に雨水や湿気が入り込むことで、**錆**が発生して**劣化**する可能性が高くなる。

答3 ×
タイマーによって点灯時間を制御している場合は、季節ごとの**日照時間**の変化に応じて、タイマーの点灯時間を**調整**する必要がある。

答4 ○
遮断器が落ちて停電した場合は、**分電盤**を調べて、遮断器が落ちている回路を再び**通電**させ、再度停電するのであればその回路を切って、専門業者に原因究明及び修理を依頼する必要がある。

答5 ○
ELBは、漏電ブレーカー、漏電遮断器ともいい、電気配線や電気製品の故障や傷みによる漏電を素早く察知し、回路を**遮断**することによって感電や火災を**防ぐ**器具である。

200ボルトが使用できる方式で、単相2線式は、2本の線を利用して100ボルトが使用できる方式である。

LESSON 20 ガス設備

ガスの使用を開始する際には、住戸ごとに、ガス利用者が立ち会い、ガス会社による開栓が必要である。

ガス管の配管材料として、近年は、屋外埋設管には塩化ビニル被覆鋼管が、屋内配管にはポリエチレン管が多く使われている。

ガスメーター（マイコンメーター）には、ガスの使用量を計量する機能や、ガスの異常放出や地震などの異常を感知して、自動的にガス会社に連絡する機能が備えられている。

ほとんどの都市ガスは空気より軽いのに対し、プロパンガス（LPガス）は空気より重い。

プロパンガスは、都市ガスの2倍の火力エネルギーがある。

プラスα
●ガスの供給方式
プロパンガスは、ガスを詰めたボンベを配送することによって供↗

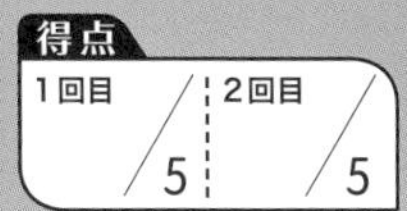

答1 ○

ガスの使用を開始する際には、原則として、住戸ごとに、**ガス利用者**が立ち会い、ガス会社による**開栓作業**が必要である。管理業者は、借主に対して、入居までにガス会社に連絡をして、ガスの開栓を求めるように伝えておくことが必要である。

答2 ×

近年において、ガス管の配管材料には、より耐久性の高いものが使用されており、屋外埋設管には、**ポリエチレン管**や**ポリエチレン被覆鋼管**が、屋内配管には**塩化ビニル被覆鋼管**が多く使われている。

答3 ×

ガスメーター（マイコンメーター）には、ガスの使用量を計量する機能のほか、ガスの**異常放出**や**地震**などの異常を感知して、自動的にガスの供給を**遮断**する機能が備えられている。

答4 ○

ほとんどの都市ガスは空気より**軽い**が、プロパンガス（LP ガス）は、空気より**重い**のが特徴である。
➡ プラスα

答5 ○

プロパンガスは都市ガスと比較すると2倍の火力エネルギーがある。

給する方式であるが、都市ガスは、地下に埋設されたガス導管によって供給する方式である。

LESSON 21 昇降機設備・駐車場設備

エレベーターは、駆動方式によって、ロープ式と油圧式に分かれるが、ロープ式エレベーターは、屋上などの上部に機械室を設置して、ロープによって上下運行させる方式であり、主に低層の建物で採用されている。

エレベーターの保守契約のうち、フルメンテナンス契約のメリットとしては、発注側の年度予算の立案や管理が容易という点があり、デメリットとしては、月々の契約が割高になるという点がある。

エレベーターの保守契約におけるPOG契約(パーツ・オイル＆グリース契約)は、契約範囲外の部品の取替えや機器の修理は別料金となるので、経年劣化により費用が増大する。

機械式駐車場設備は、その構造や規模により、不活性ガス消火設備、泡消火設備、ハロゲン化物消火設備等の設置が義務付けられている。

プラスα

●昇降機の法定点検

昇降機は建築基準法により特定建築物において義務付けられる定↗

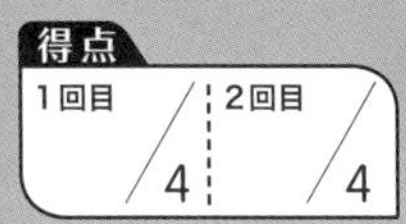

答1 × ロープ式エレベーターは主に**ビル**や**マンション**で採用される。低層の建物で採用されるのは、**油圧**式である。➡ プラスα

答2 ○ フルメンテナンス契約のメリットとしては、発注側の年度**予算**の立案や**管理**が容易という点があり、デメリットとしては、月々の契約が**割高**になるという点がある。

答3 ○ POG 契約とは、**定期点検**と契約範囲内の**消耗部品の交換**が含まれた契約であり、点検と契約範囲内の消耗品の交換は費用に含まれるが、この他の部品の取替えや修理は**別料金**となる。このため、POG 契約では、高額部品の取替えなどで、経年劣化での経費**増大**が考えられる。なお、フルメンテナンス契約と比べて POG 契約は**割安**となる。

答4 ○ 本問のとおり。駐車場の規模や設備により、水噴霧消火設備、泡消火設備、不活性ガス消火設備、ハロゲン化物消火設備、粉末消火設備等の設置が**義務付け**られている。

期調査・検査報告の対象に含まれており、建物の所有者又は管理者は、特定行政庁が定める時期に、昇降機定期点検報告書を提出しなければならない。

LESSON 22 消防用設備・避雷設備等

高さが20mを超える工作物には、周囲の状況によって安全上支障がない場合を除き、避雷設備を設置しなければならない。

消防用設備等の種類には、消防の用に供する設備、消防用水、消火活動上必要な設備があるが、このうち、スプリンクラーは水を発射するため、消防用水に分類される。

消防用設備等の点検には機器点検と総合点検があるが、その検査結果はどちらも市町村長に報告しなければならない。

消火器には、適応火災の種別が表示されているが、この種別はA火災（普通火災）、B火災（電気火災）、C火災（油火災）の3種類に大別される。

現在使われている消火器の主流となるのは、粉末消火器である。

自動火災報知設備のうち、定温式スポット型は、火災の熱によって一定の温度以上になると作動するもので、55℃や60℃で作動するものが多い。

プラス α

●雷サージ電流の侵入防止

避雷設備における避雷針では、電力線等から侵入する雷サージ電↗

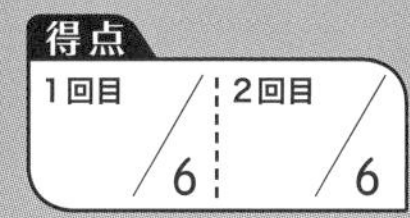

答1 ○

高さが20mを超える工作物には、周囲の状況によって安全上支障がない場合を除き、**避雷設備**を設置しなければならない。➡プラスα

答2 ×

スプリンクラーは、**消防の用に供する**設備に分類される。

答3 ×

消防用設備等の点検には**機器**点検と**総合**点検があるが、その検査結果はどちらも所轄の**消防署長等**に報告しなければならない。

答4 ×

火災の種類は、A火災（普通火災）、B火災（**油**火災）、C火災（**電気**火災）の3種類に大別される。

答5 ○

現在広く使われている消化器は**粉末消火器**である。このほかに泡消火設備もある。

答6 ×

定温式スポット型は、火災の熱によって**一定の温度**以上になると作動するもので、65℃や75℃で作動するものが多い。

流（雷で発生する過電圧・過電流）を防ぐことができない。雷サージ電流を防ぐ方法には、雷保護用等電位ボンディングやサージ防護デバイスがある。

LESSON 23 居住ルールの指導・クレーム処理等

建物賃貸借におけるペット飼育に関するトラブルの対処法として、ペット規約を設け、遵守しなければならない事項を定めておくことが考えられる。

管理業者が入居者同士のトラブルの相談などを受けた場合には、その者の言い分をよく聞き、その情報のみをもって処理にあたらなければならない。

管理業者に、入居者からのクレームが届いた場合は、その内容は管理業者内でよく共有しておく必要があるが、クレーム受付票などを用意することは事務処理が煩雑になるだけなので必ずしも行う必要はない。

管理業者に入居者からクレームが届いた場合は、担当者のみならず、管理業者内で情報を共有することは重要である。

プラスα ●生活騒音の確認
生活騒音についてクレームが寄せられた場合は、実際に迷惑とな↗

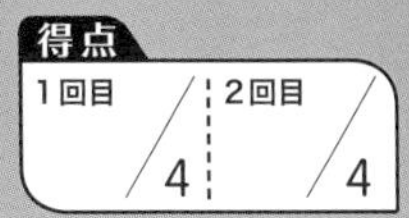

答1

ペット可の物件において、トラブルを防ぐためには、ペットの適切な飼育や他の入居者や近隣に対する配慮事項などを定めた「**ペット飼育規則**」などを定めて、**賃貸借契約**で、入居者はペット飼育規則を遵守しなければならない旨を**規定**しておくことが重要である。

答2

管理業者は、貸主に**代わって**、責任ある立場でクレームやトラブルを**処理**し、**解決**していく必要がある。管理業者は、入居者同士のトラブルなどの相談を受けた場合には、一方の言い分のみではなく、**双方**の話をよく聞いて、**公平な**立場で処理にあたることが重要である。➡ プラスα

答3

管理業者へのクレームや相談は、電話が利用されることが多いので、管理業者は内部で情報を共有するために**クレーム受付票**などを用意して、クレームや相談の内容や処理の結果を**記録**しておく必要がある。

答4 ○

クレームやトラブルの内容やその対応方法については、さまざまなものが存在する。管理業者は、**過去**の相談事例などを蓄積した**社内マニュアル**を作成して、社内で**情報共有**することも、クレームやトラブルへの対応方法として重要になる。

るようなレベルの騒音であるか否か、管理業者自身が確認することが必要である。

LESSON 24 防火・防災対策

問1 賃貸物件を放火から守るための工夫の一つとして、ゴミは決められた日の朝に出すことがある。

問2 共同住宅は、非特定防火対象物に該当するため、収容人数が30名以上の場合は、防火管理者を定めて、防火管理を行う必要がある。

問3 防災対策としては、建物の立地条件をハザードマップで把握し、近隣の危険地域や非常時の避難経路などを確認しておく必要がある。

問4 賃貸借契約締結時には、借主に対し、地方公共団体が作成した水害ハザードマップ等に記載された避難所の位置について示すことが望ましい。

問5 建物の防災対策として、身の回りの物を避難袋などに入れてすぐに持ち運びができるようにしておき、保存用の水や食料が使えるかチェックするよう定期的に入居者に案内することは、個人の自由を侵害するためすべきではない。

プラスα

●ハザードマップ

自然災害による被害を予測し、被害範囲を地図化したもの。予測↗

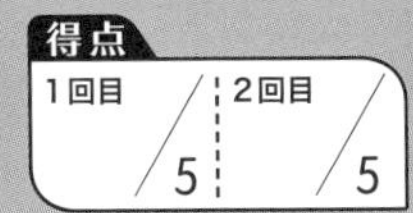

答1

ゴミを決められた日の朝に出すのは**放火の可能性を避ける**ためである。その他、物件の周囲に燃えやすい物（段ボール、新聞紙、雑誌など）を**置かない**ことも重要である。

答2

共同住宅は、非特定防火対象物に該当するため、収容人数が**50**名以上の場合は、**防火管理者**を定めて、防火管理を行う必要がある。

答3

ハザードマップとは、**自然災害**による被害を予測し、被害範囲を**地図化**したものである。➡ プラスα

答4
○
借主に対して、市町村（特別区を含む）が作成した**水害ハザードマップ**等を提示し、当該賃貸住宅のおおむねの位置を示すことが義務化されている。この説明義務については、水害ハザードマップ等に記載された**避難所の位置**を示すことが望ましいとされている（宅建業法の解釈・運用の考え方第34条2関係）。

答5

建物の防災対策として、身の回りの物を**避難袋**などに入れてすぐに持ち運びができるようにしておき、保存用の水や食料が使えるかチェックするよう**定期的に入居者に案内**することも重要である。

される災害の発生地点、被害の拡大範囲及び被害程度、避難経路、避難場所などの情報が地図上に図示されている。

LESSON 25 緊急事態への対応

管理員が置かれていない建物で、上階がある居室の天井からの漏水を入居者から知らされた場合、まずは雨漏りが考えられるので、バケツなどで水を受けるように伝える。

管理員が置かれていない建物が地震被害に遭った場合、余震が起こる可能性があるため、まずはテレビなどで地震の情報を集めることが重要である。

管理員が置かれている建物で、自動火災報知機の発報や入居者からの通報によって火災の発生を感知した管理員は、まずは現場に駆けつけて、入居者に火災の発生を知らせて、入居者の避難誘導を行う必要がある。

入居者が空き巣被害にあったとしても、それは入居者の問題なので管理業者が行うべきことはない。

プラスα **●管理員が置かれている場合の漏水対応**
賃貸物件に管理員が置かれている場合は、入居者同士のトラブル↗

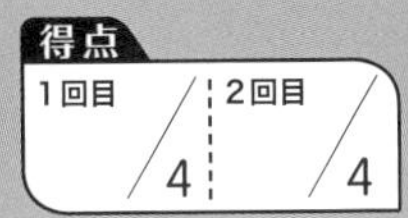

答1 ×

入居者から居室の天井からの漏水が発生した旨の連絡があったときは、管理業者は「急いで上階に行き、**下階に水が漏っている**旨を告げてください」と入居者に伝え、できるだけ早く**現場へ急行**したうえで、修理業者へ連絡を取ることが望ましい。

➡ プラスα

答2 ×

管理員が置かれていない建物では、管理業者は、地震による揺れが収まった後、できるだけ早く対象物件を訪れて**被害状況を確認**し、**復旧**や**後片付け**を行うことが求められる。

答3 ○

本問のような対応のほか、管理員は、消防署へ**通報**するとともに、消火器による初期消火などの**延焼防止**に努めることが求められる。

答4 ×

入居者から、空き巣被害が発生した旨の連絡を受けた場合、管理業者は、警察に**被害届**を出したかどうかの確認、盗難にあった**財物**内容や、犯人の侵入経路など、被害状況を確認したうえで、被害者である借主の**加入保険**の内容を調査して、**補償**の手続を支援することが必要である。

を避けるため、管理員に連絡をしたうえで、管理員とともに上階に行くように伝えることが望ましい。

LESSON 26 防犯対策

問1 □□

空き巣や不審者が賃貸物件へ侵入することを防ぐための対策に、個々の入居者の意識は関係ない。

問2 □□

空き巣や不審者の侵入を防ぐためには、二重錠や窓ガラスの二重化、防犯フィルムを貼るなどの対応を行うことが考えられる。

問3 □□

「共同住宅に係る防犯上の留意事項」及び「防犯に配慮した共同住宅に係る設計指針」によれば、共同住宅における防犯対策として、共用出入口の周囲からの見通しを確保し、共用玄関は50ルクス以上の明るさに保ったうえで、門限を定め特定の時間は閉鎖し、共用玄関や共用メールコーナーなどが見渡せる位置に管理人室を作ることなどがあげられる。

問4 □□

防犯のためには、バルコニーの手すりも見通しがきくものにするなどの工夫が必要である。

問5 □□

賃貸物件に鍵保管用キーボックスを設ける場合には、適宜その暗証番号の変更や更新が必要である。

プラスα

●エレベーターの防犯対策

「防犯に配慮した共同住宅に係る設計指針」では、エレベーターの↗

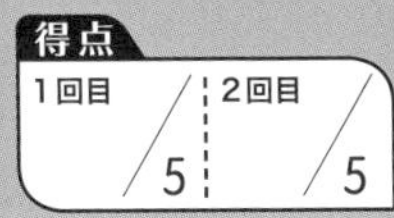

答1 ×
空き巣や不審者が賃貸物件へ侵入することを防ぐための対策には、個々の入居者の**防犯意識の向上**が最も重要である。

答2 ○
本問のような対応のほか、**屋上**からの侵入による窃盗や空き巣も多く発生しているため、屋上への立入りを防ぐための**フェンス**の設置などの対応を行うことも必要となる。

答3 ×
「共同住宅に係る防犯上の留意事項」及び「防犯に配慮した共同住宅に係る設計指針」（国土交通省策定）には、玄関に門限を定め特定の時間は閉鎖するべきということは書かれて**いない**。共用出入口については、①周囲からの**見通し**の確保、②共用玄関は**50**ルクス以上の明るさ、③共用玄関以外の共用出入口は**20**ルクス以上の明るさ、④**オートロックシステム**の導入などが防犯対策としてあげられている。➡プラスα

答4 ○
本問のとおり。その他、**手すり**を利用した侵入を防ぐ工夫なども必要である。

答5 ○
賃貸物件に鍵保管用キーボックスを設ける場合、空き室の不正使用対策として、管理業者は適宜、その暗証番号の**変更**や**更新**をする必要がある。

かご内には、防犯カメラ等の設備を設置することや、床面の平均水平面照度を概ね50ルクス以上にすることなどが示されている。

コラム

特定賃貸借重要説明事項

特定転貸事業者(サブリース業者)が特定賃貸借契約を締結するまでに、特定賃貸借契約の賃貸人(オーナー)になろうとする者に対して書面を交付して説明しなければならない事項は次のとおりです。

①特定賃貸借契約を締結する特定転貸事業者の商号、名称又は氏名及び住所
②特定賃貸借契約の対象となる賃貸住宅
③特定賃貸借契約の相手方に支払う家賃の額、支払期日及び支払方法等の賃貸の条件並びにその変更に関する事項
④特定転貸事業者が行う賃貸住宅の維持保全の実施方法
⑤特定転貸事業者が行う賃貸住宅の維持保全に要する費用の分担に関する事項
⑥特定賃貸借契約の相手方に対する維持保全の実施状況の報告に関する事項
⑦損害賠償額の予定又は違約金に関する事項
⑧責任及び免責に関する事項
⑨契約期間に関する事項
⑩転借人の資格その他の転貸の条件に関する事項
⑪転借人に対する④に掲げる事項の周知に関する事項
⑫特定賃貸借契約の更新及び解除に関する事項
⑬特定賃貸借契約が終了した場合における特定転貸事業者の権利義務の承継に関する事項
⑭借地借家法その他特定賃貸借契約に係る法令に関する事項の概要

管理業務の実施に関する事項

不動産の表示に関するルール（1）

不動産の表示に関する公正競争規約（以下、「表示規約」という。）によると、「新築」とは、建築後3年未満であって、居住の用に供されたことがないものをいう。

表示規約によると、「ダイニング・キッチン」とは、台所と食堂の機能が1室に併存している部屋をいい、住宅（マンションにあっては、住戸）の居室（寝室）数に応じ、その用途に従って使用するために必要な広さ、形状及び機能を有するものをいう。

表示規約施行規則（以下、「表示規則」という。）によると、「マンション」とは、鉄筋コンクリート造りその他堅固な建物であって、一棟の建物が、共用部分を除き、構造上、数個の部分（以下「住戸」という。）に区画され、各部分がそれぞれ独立して居住の用に供されるものをいう。

表示規則によると、「貸家」とは、一戸建住宅であって、賃貸するものをいう。

表示規則によると、「中古住宅」とは建築後1年以上経過し、又は居住の用に供されたことがある一戸建住宅であって、賃貸するものをいう。

プラス α

●中古賃貸マンション

中古賃貸マンションとは、建築後1年以上経過し、又は居住の用↗

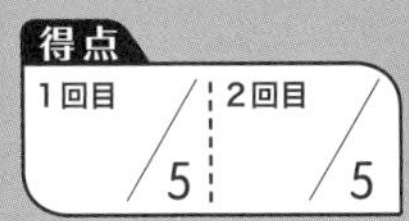

答1

「新築」とは、建築工事完了後**1**年未満であって、居住の用に供されたことがないものをいう（表示規約 18 条 1 項（1））。

答2 ○

「ダイニング・キッチン」とは、台所と食堂の機能が 1 室に**併存**している部屋をいい、住宅（マンションにあっては、住戸）の居室（寝室）数に応じ、その用途に従って使用するために必要な広さ、形状及び機能を有するものをいう（表示規約 18 条 1 項（3））。

答3 ○

「マンション」とは、鉄筋コンクリート造りその他堅固な建物であって、一棟の建物が、共用部分を除き、構造上、住戸に**区画**され、各部分がそれぞれ**独立**して**居住**の用に供されるものをいう（表示規則 3 条（8））。➡ プラスα

答4 ○

「貸家」とは、一戸建住宅であって、**賃貸**するものをいう（表示規則 3 条（14））。

答5 ✕

「中古住宅」とは、建築後**1**年以上経過し、又は居住の用に供されたことがある一戸建住宅であって、**売買**するものをいう（表示規則 3 条（7））。

に供されたことがあるマンションであって、住戸ごとに、賃貸するものをいう。

LESSON 2 不動産の表示に関するルール(2)

問1 □□
表示規則によると、道路距離又は所要時間を表示するときは、必ず起点及び着点を明示して表示することとされている。

問2 □□
表示規則によると、徒歩による所要時間は、道路距離60mにつき1分間を要するものとして算出した数値を表示することとされている。

問3 □□
表示規則によると、上記問2で算出した数値に1分未満の端数が生じたときは、1分として算出することとされている。

問4 □□
表示規則によると、面積は、メートル法により表示することとされており、この場合において1㎡未満の数値は、切り上げて表示することとされている。

問5 □□
表示規則によると、原則として、建物の面積（マンションにあっては、専有面積）は、延べ面積を表示し、これに車庫、地下室等（地下居室は除く。）の面積を含むときは、その旨及びその面積を表示することとされている。

プラスα
●自転車による所要時間
自転車の場合の各種施設までの所要時間も定められている。自転↗

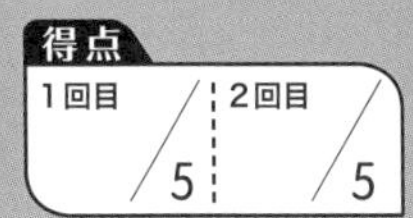

答1 ×

表示規則9条（7）によると、道路距離又は所要時間を表示するときは、**起点**及び**着点**を明示して表示すること（他の規定により当該表示を**省略**することができることとされている場合を除く。）とされている。「必ず」ではない。

答2 ×

徒歩による所要時間は、道路距離**80**m につき1分間を要するものとして算出した数値を表示することとされている（表示規則9条（9））。

➡ プラスα

答3 ○

算出した数値において、1分未満の端数が生じたときは、**1分**として算出することとされている（表示規則9条（9））。

答4 ×

面積は、メートル法により表示することとされており、この場合において1㎡未満の数値は、**切り捨てて**表示することができるとされている（表示規則9条（13））。

答5 ○

原則として、建物の面積（マンションにあっては、専有面積）は、**延べ面積**を表示し、これに車庫、地下室等（地下居室は除く。）の面積を含むときは、その旨及びその面積を表示する（表示規則9条（15））。

車による所要時間は、道路距離を明示して、走行に通常要する時間を表示する。

LESSON 3 募集広告に関する制限

宅地建物取引業者がその業務に関して広告をするときは、①著しく事実に相違する表示、及び、②実際のものよりも著しく優良若しくは有利であると人を誤認させるような表示をしてはならない。

表示規約によると、物件が存在しないため、実際には取引することができない物件に関する表示については、広告表示が禁止されている。

表示規約によると、物件は存在するが、実際には取引の対象となり得ない物件に関する表示については、広告表示が禁止されている。

表示規約によると、物件は存在するが、実際には取引する意思がない物件に関する表示については、広告表示が禁止されていない。

成約済みの物件を速やかに広告から削除せずに当該物件のインターネット広告等を掲載することは、おとり広告に該当する。

プラスα **●おとり広告**
存在するものの取引ができない物件について広告することを「お↗

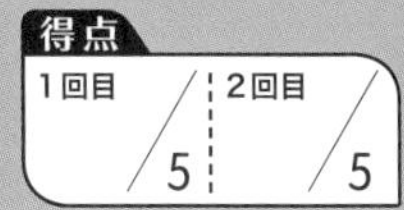

答1 ○

宅地建物取引業者は、その業務に関して広告をするときは、所定の事項について、著しく**事実に相違**する表示をし、又は実際のものよりも著しく優良であり、もしくは有利であると人を**誤認**させるような表示をしては**ならない**（宅建業法32条）。

答2 ○

物件が存在しないため、実際には取引することが**できない**物件に関する表示については、広告表示が**禁止**されている（表示規約21条（1））。

答3 ○

物件は存在するが、実際には取引の対象と**なり得ない**物件に関する表示については、広告表示が**禁止**されている（表示規約21条（2））。

答4 ×

物件は存在するが、実際には取引する**意思がない**物件に関する表示については、広告表示が**禁止**されている（表示規約21条（3））。

答5 ○

成約済みの物件を速やかに広告から削除せずに当該物件のインターネット広告等を掲載することは、故意・過失を問わず、おとり広告に**該当する**。

➡ プラスα

とり広告」という。誇大広告に該当し、宅建業法においても違反となる行為である。

LESSON 4 入居審査

問1 □□

入居審査の際、賃料に比べて入居希望者の年収が不当に高い場合、注意が必要である。

問2 □□

入居審査の際、同居人との合算で入居希望者の年収を考慮する場合、特に確認が必要となることはない。

問3 □□

入居審査の際、入居希望者が過去に隣人とトラブルを起こしたことがあるかどうかを調査することは、プライバシーの侵害にあたるため、原則として行わない。

問4 □□

入居審査にあたっては、申込みを行っている者が入居申込書面の申込者と同一であるかどうかを確認しなければならない。

問5 □□

入居審査のため借受希望者から提出された身元確認書類は、入居を断る場合には、本人に返却せずに破棄する必要がある。

問6 □□

サブリース方式による賃貸住宅の管理業者は、入居者の最終決定権者にならない。

プラスα

●本人確認の重要性

実際に申込みを行っている人物が、入居申込書等の書類上の申込↗

答1 ○

入居審査の際、賃料に比べて入居希望者の年収が不当に高い場合、**第三者**を入居させる目的のケースがありうるので注意が必要である。

答2 ×

入居審査の際、同居人との合算で入居希望者の年収を考慮する場合、同居人の**仕事**継続の予定について確認することが**必要**である。

答3 ×

入居審査の際、近隣関係に問題を生じさせる可能性を示す情報はないかを**調査**することが望ましい。

答4 ○

入居審査においては、**本人確認**を行う必要があり、申込みを行っている者が、入居申込書面の申込者と同一であるかどうかを**確認**しなければならない。➡ プラスα

答5 ×

個人情報保護の観点から、入居審査のため借受希望者から提出された身元確認書類は、入居を断る場合には本人に返却する必要が**ある**。

答6 ×

サブリース方式による賃貸住宅の場合、転貸人である管理業者が貸主の立場にあるから、**管理業者**が入居者の最終決定権者となる。

者と同一であるかどうか、住民票や免許証などによって確認することが重要である。

LESSON 5 媒介報酬

宅地建物取引業者である管理業者が賃貸住宅管理において、賃貸人を代理・媒介して入居者募集業務を行う場合、原則として賃貸借契約の両当事者から受け取ることのできる報酬の合計額は、賃料の1か月分の1.10倍に相当する額が上限となる。

管理業者が賃貸住宅の募集業務を行ったものの、賃貸人と賃借人の間で賃貸借契約が成立しなかった場合、管理業者は報酬を受領することができない。

委任者から特別の依頼を受けたことによる広告宣伝費は、宅地建物取引業者たる管理業者が受け取ることのできる報酬の中から支出しなければならない。

管理業者が媒介に関する相談に乗ったことを理由に、媒介報酬以外にコンサルティング料等の名目で委任者に金員を請求することは、宅地建物取引業法違反にあたる場合がある。

プラスα
●報酬以外の費用
委任者の希望で遠隔地の物件の調査を行った際の費用や、空き家↗

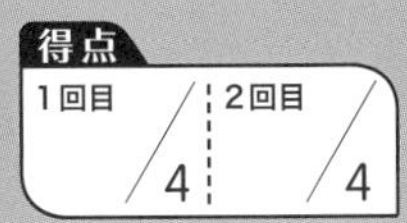

答1 ○

宅建業者である管理業者が賃貸住宅管理において、賃貸人を**代理**・**媒介**して入居者募集業務を行う場合、その業務には宅建業法が適用され、原則として賃貸借契約の両当事者から受け取ることのできる報酬の合計額は、賃料の1か月分の**1.10**倍に相当する額が上限となる。

答2 ○

管理業者が賃貸住宅の募集業務を行ったものの、賃貸人と賃借人の間で賃貸借契約が成立しなかった場合、管理業者は報酬を受領することが**できない**。募集業務の報酬は、成功報酬だからである。

答3 ×

広告宣伝費は、宅建業者たる管理業者が受け取ることのできる報酬の中から支出しなければならないのが原則である。しかし、委任者から特別の**依頼**を受けたことによる広告宣伝費は、例外的に、報酬とは**別に**実費の範囲で委任者に請求することが**できる**とされている（ただし、判例により、請求できるケースは限定されている）。➡ 

答4 ○

管理業者が媒介に関する相談に乗ったことを理由に、媒介報酬以外にコンサルティング料等の名目で委任者に金員を**請求**することは、宅建業法が定めた報酬の規定に**違反**することになる場合がある。

の特別な調査費用などについては、報酬とは別に委任者に請求することが認められている。

LESSON 6 宅建業法の規定

建物が既存の建物である場合、宅地建物取引業法35条における重要事項説明書には、建物状況調査（実施後3年を経過していないものに限る。）を実施しているかどうか、及びこれを実施している場合におけるその結果の概要を記載する必要がある。

ITを利用した重要事項説明を行うにあたっては、宅地建物取引士及び重要事項の説明を受けようとする者が、図面等の書類及び説明の内容について十分に理解できる程度に映像を視認でき、かつ、双方が発する音声を十分に聞き取ることができるとともに、双方向でやりとりできる環境において実施していることが必要である。

ITを利用した重要事項説明を行うにあたっては、宅地建物取引士が記名した重要事項説明書及び添付書類を、重要事項の説明後、説明を受けた者に遅滞なく交付することが必要である。

プラスα
●宅建業法35条に基づくIT重説
宅地建物取引士は、宅建士証を提示し、重要事項の説明を受けよ↗

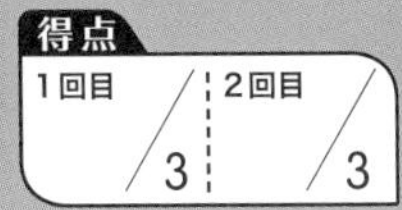

答1 ×

建物が既存の建物である場合、重要事項説明書には、建物状況調査（実施後1年を経過していないものに限る。）を実施しているかどうか、及びこれを実施している場合におけるその結果の概要を記載する必要が**ある**（宅建業法35条1項6号の2イ、同法施行規則16条の2の2）。

答2 ○

ITを利用して宅建業法35条に基づく重要事項説明を行うにあたっては、宅建士及び重要事項の説明を受けようとする者が、図面等の書類及び説明の内容について十分に理解できる程度に映像を**視認**でき、かつ、双方が発する**音声**を十分に聞き取ることができるとともに、**双方向**でやりとりできる環境において実施している必要がある（「宅地建物取引業法の解釈・運用の考え方」第35条第1項関係2（1））。➡ プラスα

答3 ×

ITを利用して宅建業法35条に基づく重要事項説明を行うにあたっては、宅建士により**記名**された重要事項説明書及び添付書類が、重要事項の説明を受けようとする者に**あらかじめ**交付されている必要がある（「宅建業法の解釈・運用の考え方」第35条第1項関係2（2））。

7章 管理業務の実施に関する事項

うとする者が、当該宅地建物取引士証を画面上で視認できたことを確認していることが必要である。

LESSON 7

その他の説明事項

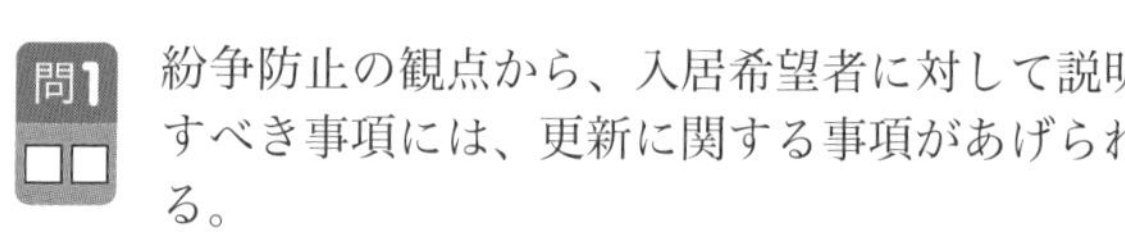

問1 □□

紛争防止の観点から、入居希望者に対して説明すべき事項には、更新に関する事項があげられる。

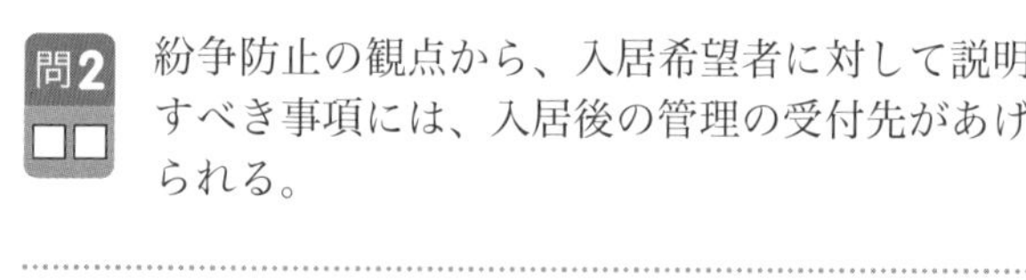

問2 □□

紛争防止の観点から、入居希望者に対して説明すべき事項には、入居後の管理の受付先があげられる。

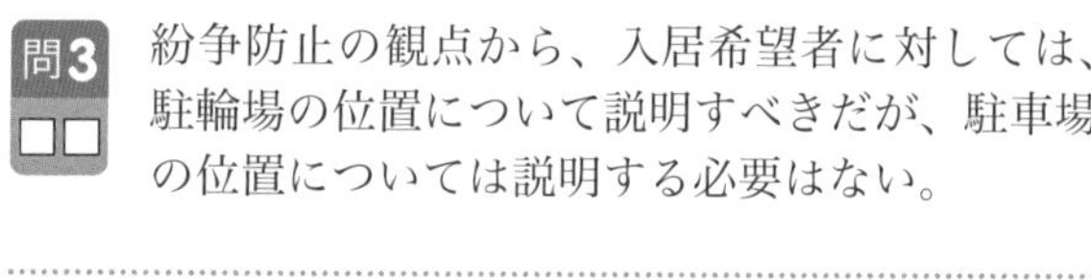

問3 □□

紛争防止の観点から、入居希望者に対しては、駐輪場の位置について説明すべきだが、駐車場の位置については説明する必要はない。

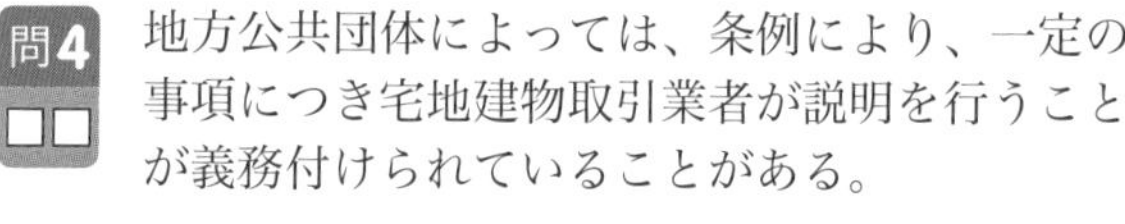

問4 □□

地方公共団体によっては、条例により、一定の事項につき宅地建物取引業者が説明を行うことが義務付けられていることがある。

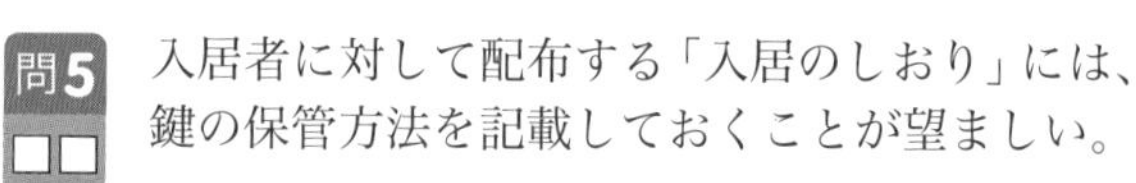

問5 □□

入居者に対して配布する「入居のしおり」には、鍵の保管方法を記載しておくことが望ましい。

プラスα

●入居のしおり

電気・ガス・水道の利用手続や電話の申込み、共用部分(設備)の↗

答1 ○
紛争防止の観点から、入居希望者に対して説明すべき事項には、**更新**に関する事項（更新の方法・費用等）があげられる。

答2 ○
紛争防止の観点から、入居希望者に対して説明すべき事項には、入居後の**管理**の受付先（クレーム窓口、解約予告の通知先等）があげられる。

答3 ×
紛争防止の観点から、入居希望者に対して説明すべき事項には、**駐輪場**（自転車・バイク）、**駐車場**の位置の確認があげられる。

答4 ○
地方公共団体によっては、**条例**により、一定の事項につき宅地建物取引業者が説明を行うことが義務付けられていることが**ある**（例：東京ルール）。こうした条例が適用される物件については、条例に従った対応が必要となるので、事前によく確認しておくことが重要である。

答5 ○
入居者に対して配布する「入居のしおり」には、**鍵**の保管方法や取扱いについて記載しておくことが**望ましい**。➡ プラスα

プラスα 使用方法や注意事項、賃貸借契約の更新及び解約時の手続方法についても記載しておくことが望ましい。

LESSON 8 鍵の管理

原則として、貸主は建物賃貸借契約締結後、契約に係る金銭の授受を確認したうえ、借主に対して賃貸物件の鍵を引き渡すことになる。

賃貸借契約書に、「賃料を滞納した場合には、貸主あるいは管理業者は鍵を交換することができる」との約定があったとしても、貸主は、建物明渡し前に借主の外出中に無断で賃貸建物の鍵を交換することは許されない。

建物賃貸借契約を締結し、建物を引き渡す際には、旧借主から返還された鍵をそのまま新借主に引き渡せばよい。

建物賃貸借契約において、借主の退去に伴い鍵の返還がなされた際には、直ちに鍵を交換することが望まれる。

新たに建物賃貸借契約を締結した際に行われる鍵の交換は借主の費用負担となることもある。

プラスα ●ロータリー(U9)シリンダー

本問に関連して、鍵の種類の一つであるロータリー(U9)シリン↗

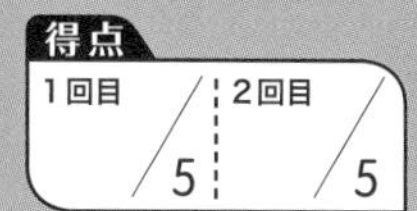

答1 ○

貸主は、賃貸借契約の**締結**後、契約に係る金銭の授受を確認したうえ、借主に対して賃貸物件の鍵を**引き渡す**のが原則となる。➡ プラスα

答2 ○

「貸主あるいは管理業者は鍵を交換することができる」という実力行使（**自力救済**）を定める特約は、原則として**認められない**。借主不在のうちに無断で鍵を交換した場合、不法行為責任（民法709条）などの法的責任が生じる。

答3 ×

旧借主が退去した後は、防犯上の観点から、**新しい**錠・鍵に交換する必要がある。なお、通常、鍵交換の費用は、賃借人が**安全**に居住できる物件を賃貸する責を負う**賃貸人**が負担することとされている。

答4 ×

鍵の交換を行うべきタイミングは、旧借主が退去した後、リフォームが**終了**して、新借主が決定した**後**が望ましいとされている。

答5 ○

新借主が防犯面に強い鍵への交換を依頼したなど、借主からの**特別な依頼**に基づく場合には、鍵の交換費用についても、**借主**が負担することになる。

ダーは、ピッキングに対する防犯性能に優れている。ピッキングに弱く製造中止となったディスクシリンダーのかわりに、現在最も普及している。

LESSON 9 原状回復ガイドライン(1)

原状回復ガイドラインによれば、原状回復とは、借主が物件を借りた当時の状態に戻すことをいう。

原状回復をめぐるトラブルを防止する方法として、入居時に損耗している箇所などを写真に撮っておくことが考えられる。

原状回復ガイドラインによれば、台所やトイレの消毒については借主が使用した以上、借主の負担となる。

原状回復ガイドラインによれば、借主の喫煙を理由として壁クロスの交換が必要となった場合、5年で残存価値が1円となるような直線を想定し、負担割合を算定する。

原状回復ガイドラインによれば、借主が天井に直接つけた照明器具のビス穴の跡の原状回復費用は、借主の負担となる。

プラスα ●原状回復ガイドライン
賃貸借契約や契約終了時の退去の際について、貸主及び借主が知↗

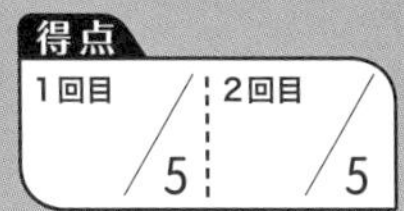

答1 

原状回復とは、借主が物件を**借りた当時**の状態に戻すものでは**ない**。「賃借人の居住、使用により発生した建物価値の減少のうち、賃借人の故意・過失、善管注意義務違反、その他通常の使用を超えるような使用による損耗・毀損を復旧すること」と定義している。➡ プラスα

答2 

本問のとおり。その他、**損耗**などの有無や具体的な状況、程度などを**記載**しておくことも考えられる。

答3 

原状回復ガイドラインによれば、台所やトイレの消毒は、借主の**管理**の範囲を超えるので、**貸主**の負担となる。

答4 ×

原状回復ガイドラインによれば、借主の喫煙を理由として壁クロスの交換が必要となった場合、6年で残存価値が1円となるような直線を想定し、負担割合を算定する。

答5 

あらかじめ設置された照明器具用コンセントを使用しなかった場合には、通常の使用による損耗を**超える**と判断されることが多いため、このような場合には**借主**の負担となる。

っておくべき一般的なルール等を示したもの。賃料が市場家賃程度の民間賃貸住宅を想定して定められている。

原状回復ガイドラインによれば、借主の過失により必要となったクッションフロアの交換費用は、経年変化を考慮せず、全額借主の負担となる。

原状回復ガイドラインによれば、ハウスクリーニング費用は、借主が通常の清掃を実施していない場合、借主の負担となる。

原状回復ガイドラインによれば、鍵交換費用は、借主が鍵を紛失した場合、借主の負担となる。

原状回復ガイドラインによれば、ペット飼育に伴う部屋の毀損(きそん)を補修する費用は、借主の負担となる。

原状回復ガイドラインによれば、借主の同居人による部屋の毀損を補修する費用は、借主自身に故意過失がない場合であっても借主の負担となる。

プラスα

●貸主が費用を負担すべきもの

①借主が通常の住まい方、使い方をしていても発生すると考えら↗

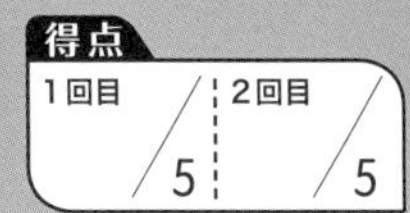

答1 ×

原状回復ガイドラインによれば、借主の過失によって必要となったクッションフロアの交換費用は、6年で残存価値が1円となるような直線を想定し、負担割合を算定する。

答2 ○

原状回復ガイドラインによれば、ハウスクリーニング費用は、借主が通常の清掃を実施**している**場合には貸主の負担となるが、借主が通常の清掃を実施していない場合には、**借主**の負担となる。

➡ プラスα

答3 ○

原状回復ガイドラインによれば、鍵交換費用は、通常は貸主の負担となるが、借主が鍵を**紛失**した場合は、**借主**の負担となる。

答4 ○

原状回復ガイドラインによれば、**ペット飼育**に伴う部屋の毀損を補修する費用は、**借主**の負担となる。これは、貸主の承諾を得た飼育であろうと無断飼育であろうと変わらない。

答5 ○

原状回復ガイドラインによれば、借主の**同居人**による部屋の毀損を補修する費用について、借主自身に故意過失がなくても借主による毀損と**同視**され、その補修費用は**借主**の負担となることがある。

れるもの、及び②建物の価値を増大させる要素が含まれているものについては、貸主が費用を負担すべきものとされている。

LESSON 11 原状回復ガイドライン(3)

問1 □□ 原状回復ガイドラインによれば、エアコンの内部洗浄について、喫煙などによる臭いなどが付着していない場合でも、借主負担とすることが妥当とされている。

問2 □□ 原状回復ガイドラインによれば、家具を設置したことだけによる床、カーペットのへこみ、設置跡については、借主負担とすることが妥当とされている。

問3 □□ 原状回復ガイドラインによれば、戸建賃貸住宅の庭に生い茂った雑草について、草取りが適切に行われていない場合は、現状を維持するために貸主が適切に手入れをすることが適当と考えられている。

問4 □□ 原状回復ガイドラインによれば、鍵の取替えについて、破損や鍵紛失という事情のない場合には、入居者の入れ替わりによる物件管理上の問題であるから、貸主負担とすることが適当と考えられている。

プラスα
●不可抗力による損耗等の復旧費用の負担者
ガイドラインでは、震災等の不可抗力による損耗等や、借主とは↗

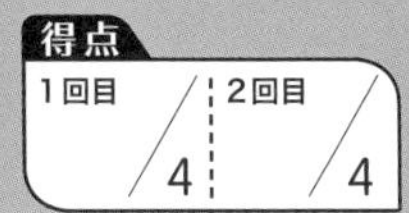

答1
×
原状回復ガイドラインによれば、**エアコンの内部洗浄**について、喫煙などによる臭いなどが付着していない限り、通常の生活において必ず行うとまでは言いきれず、借主の**管理**の範囲を超えていることから、**貸主**負担とすることが妥当とされている。➡プラスα

答2
×
原状回復ガイドラインによれば、家具を設置したことだけによる床、カーペットの**へこみ**、**設置跡**については、**貸主**負担とすることが妥当とされている。

答3
×
原状回復ガイドラインによれば、戸建賃貸住宅の庭に生い茂った雑草について、草取りが**適切**に行われていない場合は、借主の**善管注意義務違反**に該当するとして、**借主**に責任があると判断される場合が多い。

答4
○
原状回復ガイドラインによれば、鍵の取替えについて、**破損**や**鍵紛失**という事情のない場合には、入居者の入れ替わりによる物件管理上の問題であり、**貸主**負担とすることが妥当とされている。

無関係の第三者により発生した損耗等の復旧費用は、貸主が負担すべきとしている。

LESSON 12 関連法令等

問1 賃貸住宅管理業務における賃貸借契約の合意解除・明渡し業務は、弁護士法違反に問われることはない。

問2 障害を理由とする差別の解消の推進に関する法律（以下、「障害者差別解消法」という。）によると、事業者は、その事業を行うにあたり、障害者から現に社会的障壁の除去を必要としている旨の意思の表明があった場合において、その実施に伴う負担が過重でないときは、障害者の権利利益を侵害することとならないよう、当該障害者の性別、年齢及び障害の状態に応じて、社会的障壁の除去の実施について必要かつ合理的な配慮をしなければならない。

問3 住宅確保要配慮者に対する賃貸住宅の供給の促進に関する法律に基づき、住宅確保要配慮者の入居を拒まない賃貸住宅として登録を受けるためには、国土交通省令で定める登録基準に適合していなければならない。

問4 家賃債務保証業者登録規程（平成29年10月2日国土交通省告示第898号）によれば、国土交通大臣は、家賃債務保証業者登録簿を一般の閲覧に供する必要はない。

プラスα ●障害者の差別の解消
障害者差別解消法で禁止される行為を示した国土交通省のガイド／

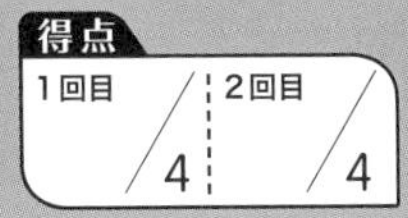

答1 ✕ 判例では、弁護士以外の者が、賃貸住宅管理業務における賃貸借契約の合意解除・明渡し業務を行ったケースにおいて、**弁護士法違反**にあたると判示したものがある。

答2 ○ 事業者は、その事業を行うにあたり、障害者から現に**社会的障壁**の**除去**を必要としている旨の意思の表明があった場合において、その実施に伴う負担が過重でないときは、障害者の権利利益を侵害することとならないよう、当該障害者の性別、年齢及び障害の状態に応じて、社会的障壁の除去の実施について必要かつ**合理的な配慮**をしなければならない（障害者差別解消法8条2項）。

➡ プラスα

答3 ○ 住宅確保要配慮者に対する賃貸住宅の供給の促進に関する法律に基づき、住宅確保要配慮者の入居を拒まない賃貸住宅として登録を受けるためには、国土交通省令で定める登録基準に**適合**していることが必要である（同法10条）。

答4 ✕ 家賃債務保証業者登録規程では、国土交通大臣は、家賃債務保証業者登録簿を一般の閲覧に**供する**こととされている（同規程8条）。

ラインは、事業者における差別の解消に向けた具体的な取組みに資するための一般的な考え方を示したものである。

LESSON 13 個人情報保護法

個人情報の保護に関する法律（以下、「個人情報保護法」という。）上、要配慮個人情報を取得する場合には、原則として、本人の同意を得る必要がある。

個人情報取扱事業者は、個人情報を書面で取得する場合、常に利用目的を本人に明示しなければならない。

取り扱う個人情報の数が5,000人分以下である事業者の場合、個人情報データベース等を事業の用に供している者であっても、個人情報保護法による規制は適用されない。

番号、記号や符号は、その情報だけで特定の個人を識別できる場合であっても、個人情報に該当しない。

プラスα

●個人識別符号
当該情報単体から特定の個人を識別できる、一定の文字・番号・↗

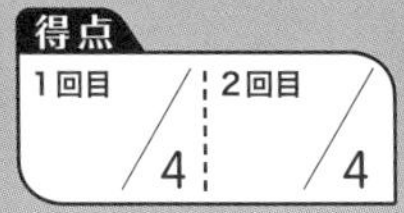

答1 ○

「要配慮個人情報」とは、本人の**人種**、**信条**、社会的身分、病歴、犯罪の経歴、犯罪により害を被った事実その他本人に対する不当な**差別**、**偏見**その他の不利益が生じないようにその取扱いに特に**配慮**を要するものとして政令で定める記述等が含まれる個人情報をいう（個人情報保護法２条３項）。要配慮個人情報を取得する場合には、原則として、本人の**同意**を得る必要がある。

答2 ×

個人情報取扱事業者は、個人情報を書面で取得する場合、原則としてその**利用目的**を本人に明示しなければならないが、人の生命、身体又は財産の保護のために緊急に必要がある場合など、一定の場合には本人に利用目的を明示しなくても**よい**（個人情報保護法21条２項ただし書き）。

答3 ×

個人情報データベース等を事業の用に供している者であれば、当該個人情報データベース等を構成する個人情報によって識別される特定の個人の数の多寡に**かかわらず**、個人情報取扱事業者に**該当する**（個人情報保護法16条２項）。

答4 ×

番号や記号、符号であっても、その情報だけで特定の個人を識別できる場合には、「個人識別符号」として個人情報に該当することが**ある**（個人情報保護法２条１項２号、２項）。➡プラスα

記号その他の符号のことを個人識別符号という。例えば、マイナンバーや旅券番号、基礎年金番号、住民票コードなどがこれにあたる。

7章 管理業務の実施に関する事項

LESSON 14 消費者契約法(1)

消費者契約法上、「消費者」となりうるのは個人に限られ、法人が消費者に該当することはない。

借家の南隣にマンションが建設されることを知りながらその事実を告げず、「陽当たり良好」や「静か」と言って販売を行った場合、消費者契約法に基づき契約が取り消されることはない。

プラス α

●消費者契約法上の事業者

消費者契約法上、「事業者」とは、「法人その他の団体及び事業と↗

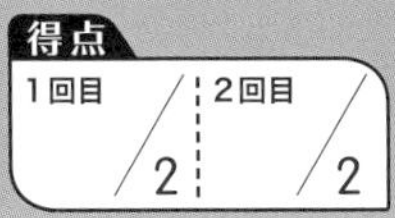

消費者契約法上、「消費者」とは、「**個人**（事業として又は事業のために契約の当事者となる場合におけるものを除く。）」をいう（消費者契約法２条１項）。よって、法人が消費者に該当することはないので**正しい**。➡プラスα

消費者は、事業者が消費者契約の締結について勧誘をするに際し、当該消費者に対してある重要事項又は当該重要事項に関連する事項について当該消費者の**利益**となる旨を**告げ**、かつ、当該重要事項について当該消費者の**不利益**となる事実を故意又は重大な過失によって**告げなかった**ことにより、当該事実が存在しないとの誤認をし、それによって当該消費者契約の申込み又はその承諾の意思表示をしたときは、これを**取り消す**ことができる（消費者契約法４条２項）。本問の事例では、「陽当たり良好」や「静か」と言ったことが消費者の利益となる旨を告げたことにあたる一方、借家の南隣にマンションが建設されることを言わなかったことが、当該消費者の不利益となる事実を告げなかったことにあたるため、消費者が契約を取り消しうる場合に**該当する**。

7章 管理業務の実施に関する事項

して又は事業のために契約の当事者となる場合における個人」をいう（消費者契約法2条2項）。よって、個人も事業者になりうる。

消費者契約法(2)

当該部屋で前賃借人が自殺したにもかかわらず、事業者が消費者に対し、「この部屋で自殺した者はいない」と告げて契約させた場合、消費者契約法に基づき契約が取り消される可能性がある。

事業者が広告において、事実と異なる内容を告げた場合、消費者契約法に基づいて契約が取り消されることはない。

消費者契約法に基づき、消費者が契約を取り消しうるのは、勧誘行為を事業者本人が行った場合に限られる。

プラス α

●消費者契約の取消権

消費者は、事業者が契約締結の勧誘をする際に、当該消費者に対↗

答1 ○

消費者は、事業者が消費者契約の締結について勧誘をするに際し、当該消費者に対して、重要事項について事実と**異なる**ことを告げることにより、当該告げられた内容が事実であるとの**誤認**をし、それによって当該消費者契約の申込み又はその承諾の意思表示をしたときは、これを**取り消す**ことができる（消費者契約法4条1項1号）。本問の事例では、自殺者がいたにもかかわらず、「この部屋で自殺した者はいない」という事実と異なることを告げているため、消費者が契約を取り消しうる場合に**該当する**。また、宅建業法においても、取引物件や取引条件に関する事項であって、宅建業者の相手方等の判断に重要な影響を及ぼすこととなるものについて、故意に事実を告げず、又は不実のことを告げる行為は**禁じられている**（宅建業法47条1号）。

答2 ×

判例（最判平29.1.24）では、**広告**も、消費者契約法に規定する「勧誘」に含まれることがある旨を判示しているため、取り消されることが**ある**。

答3 ×

事業者本人が勧誘行為を行った場合のほか、契約の締結について媒介を**委託**された者や**代理人**が勧誘行為を行った場合であっても、消費者は契約を**取り消しうる**（消費者契約法5条）。➡ プラスα

プラスα …して一定の行為をしたことにより、当該消費者が誤認し、それによって契約の申込みや承諾の意思表示をした場合、消費者契約を取り消すことができる。

LESSON 16 住宅宿泊管理業

住宅宿泊管理業者は、管理受託契約を締結しようとするときは、委託者（住宅宿泊管理業者である者を除く。）に対し、当該管理受託契約を締結するまでに、住宅宿泊管理業務の内容及び実施方法について、書面を交付して説明しなければならない。

住宅宿泊管理業者は、管理受託契約を締結しようとするときは、委託者（住宅宿泊管理業者である者を除く。）に対し、当該管理受託契約を締結するまでに、報酬並びにその支払の時期については、書面を交付して説明しなければならないが、報酬の支払方法については、書面を交付して説明しなくてもよい。

住宅宿泊管理業者は、管理受託契約を締結しようとするときは、委託者（住宅宿泊管理業者である者を除く。）に対し、当該管理受託契約を締結するまでに、住宅宿泊管理業務の全部又は一部の再委託に関する事項について、書面を交付して説明しなければならない。

プラスα

●住宅宿泊管理業者の証明書提示義務

住宅宿泊管理業者の使用人その他の従業者は、その業務を行うに↗

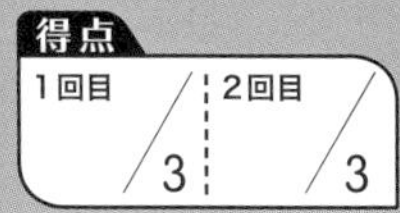

答1

住宅宿泊管理業者は、管理受託契約を締結しようとするときは、委託者（住宅宿泊管理業者である者を除く。）に対し、当該管理受託契約を締結するまでに、管理受託契約の内容及びその履行に関する事項であって国土交通省令で定めるものについて、**書面**を交付して説明しなければならない（住宅宿泊事業法33条1項）。ここでいう「国土交通省令で定める事項」には、住宅宿泊管理業務の**内容及び実施方法**が含まれる（国土交通省関係住宅宿泊事業法施行規則14条3号）。➡プラスα

答2

住宅宿泊管理業者が、**書面**を交付して説明しなければならない事項には、**報酬並びにその支払の時期及び方法**が含まれる（国土交通省関係住宅宿泊事業法施行規則14条4号）。

答3 ×

住宅宿泊管理業者が、書面を交付して説明しなければならない事項には、住宅宿泊管理業務の**一部の再委託**に関する事項が含まれる（国土交通省関係住宅宿泊事業法施行規則14条6号）が、「全部の再委託」は**禁止**されている（住宅宿泊事業法35条）ので、**誤り**。

際し、住宅宿泊事業者その他の関係者から請求があったときは、証明書を提示しなければならない。

LESSON 17 不動産証券化と管理業者の役割(1)

平成 10 年に「特定目的会社による特定資産の流動化に関する法律」(現在の「資産の流動化に関する法律」) が制定され、特定目的会社が証券を発行して投資家から不動産への投資資金を集め、不動産を購入して賃料収入を取得し、賃料収入そのものを投資家に配分できるようになった。

投資家からみて、デットによる投資は、利息の支払や元本の償還においてエクイティに劣後して安全性が低いことから、リターンの割合は高くなる。

プロパティマネジメント会社は、アセットマネージャーから委託を受け、その指示のもとにプロパティマネジメント業務を行う。

アセットマネジメントは、実際の賃貸管理・運営を行うのに対し、プロパティマネジメントは、資金運用の計画・実施を行う。

プラスα

●不動産証券化

不動産投資・管理を行う法人が、商業ビルなどが生み出す賃料収↗

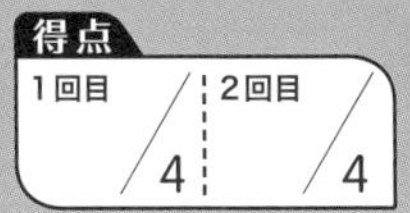

答1 ×

平成10年に「特定目的会社による特定資産の流動化に関する法律」（現在の「資産の流動化に関する法律」）が制定され、特定目的会社が証券を発行して投資家から不動産への投資資金を集め、不動産を購入して賃料収入を取得し、その賃料収入から各種費用を差し引いた利益を、投資家に**配当**できるようになった。「賃料収入そのものを投資家に配分」できるわけではないので**誤り**。

→プラスα

答2 ×

投資家からみて、デット（**負債**）による投資は、利息の支払いや元本の償還においてエクイティ（**資本**）に**優先**するものであり、安全性が**高い**ことから、リターンの割合は**低く**なる。

答3 ○

プロパティマネジメント会社は、アセットマネージャーから**委託**を受け、その**指示**のもとにプロパティマネジメント業務を行う。

答4 ×

アセットマネジメントは、**資金運用**の計画・実施を行うのに対し、プロパティマネジメントは、実際の**賃貸管理**・**運営**を行う。

入などの収益を資産にして証券を発行し、投資家から資金を調達する手法のこと。

LESSON 18

不動産証券化と管理業者の役割(2)

問1 □□ プロパティマネジメント会社は、自らの業務に合理性があることについて説明責任を負っている。

問2 □□ 所有者の交代に際し、旧所有者から新所有者に貸主の地位が円滑に引き継がれるように尽力することは、重要なアセットマネジメント業務である。

問3 □□ コンストラクションマネジメントにおいて、アセットマネージャーには、収益拡大とコスト削減の両面から、具体的に、計画の基礎資料の収集、計画策定等の調査・提案が求められる。

問4 □□ プロパティマネジメントにおいては、賃料等を徴収し、預託金を受領し、必要な経費を支出し、アセットマネージャーとの間で精算を行う。

問5 □□ 現存する建物の価値を維持することに加え、さらに管理の質を高め、長期的な観点から建物の価値を高める改修を行うことについて積極的な計画、提案を行うのは、プロパティマネージャーの役割ではない。

プラスα ●テナントリテンション
賃貸借に関する提案業務には、借主の維持を意味するテナントリ↗

答1 ○

プロパティマネジメント会社は、自らの業務に合理性があることについて**説明責任**を負っており、**説明責任**を果たすための客観的な**根拠**を常に準備しておかなければならない。

答2 ×

所有者の交代に際し、旧所有者から新所有者に貸主の地位が円滑に引き継がれるように尽力することは、重要な**プロパティマネジメント**業務である。

答3 ×

収益拡大とコスト削減の両面から、具体的に、計画の基礎資料の収集、計画策定等の調査・提案が求められるのは**プロパティマネージャー**である。

答4 ○

プロパティマネジメントにおいては、賃料等を**徴収**し、預託金を**受領**し、必要な経費を**支出**し、アセットマネージャーとの間で**精算**を行う。そのうえで、これらを取りまとめて報告書を作成する。

答5 ×

現存する建物の価値を**維持**することに加え、さらに管理の質を高め、長期的な観点から建物の価値を高める**改修**を行うことについて積極的な計画、提案を行うのは、**プロパティマネージャー**の役割である。➡ プラスα

テンション(tenant retention)に関する内容が含まれる。これは、プロパティマネジメント会社の責務でもある。

LESSON 19 保険の種類と概要(1)

保険とは、万一の事故に対して備える相互扶助の精神から生まれた助け合いの制度である。

生命保険は、保険の中で、賃貸不動産管理の経営に特に関係の深い保険の一つである。

賃貸不動産の経営における危険を軽減・分散するための重要な方策の一つである火災保険は、保険業法上の「第二分野」に分類される損害保険の一種である。

保険は、保険会社の商品によって特性が異なり、補填の対象と限度も異なっている。

地震保険に加入する際には、主契約の火災保険と同額の保険金額で加入する必要がある。

保険を利用して、賃貸不動産の経営における危険を軽減、分散することができる。

プラスα

●保険商品の三つの分類

第一分野は「生命保険」、第二分野は「損害保険」、第三分野は「傷↗

答1 ○
保険とは、万一の事故に対して備える**相互扶助**の精神から生まれた**助け合い**の制度であり、現在では、より小さな負担で安心を手に入れるために、社会にとって必要不可欠なシステムであるといえる。

答2 ×
保険の中で、賃貸不動産管理の経営に特に関係の深い保険の一つといえるのは**火災**保険である。

答3 ○
火災保険は、保険業法上の「**第二分野**」に分類される損害保険の一種である。➡ プラスα

答4 ○
保険の補塡の**対象**と**限度**は、保険会社の補償内容によって千差万別である。

答5 ×
地震保険に加入する際には、火災保険の**30～50%**の範囲内の保険金額で加入する必要がある。

答6 ○
保険は、社会にとって必要不可欠なシステムであり、賃貸不動産の経営における危険を**軽減**・**分散**するための重要な方策の一つである。

害保険」など。賃貸不動産経営に関係が深いのは、第二分野であり、偶然の事故によって生じた損害に対応する。

LESSON 20 保険の種類と概要(2)

保険について理解をし、関係者にアドバイスをすることができるようにしておくことは、賃貸管理に係る支援業務の一つである。

地震保険は、単独で加入することができる。

建物の火災保険の保険金額が1億1,000万円の場合の地震保険の限度額は、1億1,000万円×50%＝5,500万円となる。

住宅に関する損害保険である「すまいの保険」は、火災や落雷等により建物や家財に生じた損害に備える保険である。

借家人賠償責任保険は、火災・爆発・水ぬれ等の不測かつ突発的な事故によって、賃貸人（転貸人を含む。）に対する法律上の損害賠償責任を負った場合の賠償金等を補償するものである。

プラスα

●借家人賠償責任保険

賃貸人への賠償金を補償するものであり、自己の家財等に対する↗

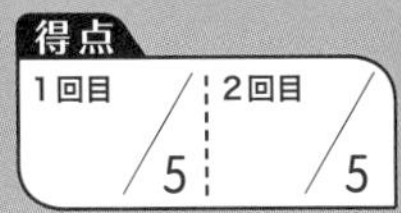

答1 ○

保険について理解をし、関係者に<u>**アドバイス**</u>をすることができるようにしておくことは、賃貸管理に係る支援業務の一つである。

答2 ×

地震、噴火又はこれらによる津波を原因とする建物や家財の損害を補償するものは地震保険と呼ばれ、火災保険に<u>**付帯して**</u>加入することができる。

答3 ×

<u>**地震保険**</u>は、住宅の火災保険に付帯して加入する保険であり、保険金額は、主契約の火災保険金額の<u>30～50%</u>以内の範囲で、建物<u>5,000</u>万円、家財1,000万円までとされている。よって、火災保険の保険金額が1億1,000万円の場合であっても、地震保険の限度額は<u>5,000</u>万円となる。

答4 ○

設問のとおり。住宅に関する損害保険である「すまいの保険」は、<u>**火災**</u>、<u>**落雷**</u>、破裂･爆発、風災、雹(ひょう)災、雪災などにより建物や家財に生じた損害に備える保険である。

答5 ○

借家人賠償責任保険は、火災・爆発・水ぬれ等の不測かつ突発的な事故によって、<u>**賃貸人（転貸人を含む）**</u>に対する法律上の損害賠償責任を負った場合の<u>**賠償金等を補償**</u>する保険である。➡プラスα

保険ではない。一般的に火災保険の特約として加入することが多い。賃貸借契約においては、この保険加入が条件とされることもある。

LESSON 21 賃貸不動産経営と税金(1)

遊休土地にアパート等の居住用の家屋を建築した場合、その完成が令和5年1月15日であったときは、建物に関する令和5年の固定資産税が課税される。

適切な管理がされていない特定空家等及び特定空家等になる危険性がある管理不全空家等は、防災・衛生・景観等、周辺の生活環境の観点から、固定資産税が最大で6倍になる可能性がある。

不動産所得の収入に計上すべき金額は、その年の1月1日から12月31日までの間に実際に受領した金額とすることが原則であり、未収賃料等を収入金額に含める必要はない。

印紙税は、業務上の契約書等や領収書に貼付した場合でも、所得計算上の必要経費にならない。

不動産所得がある場合には、賃貸物件の所在地を管轄している税務署ごとに確定申告を行う。

プラスα
●固定資産税及び都市計画税の軽減措置
固定資産税及び都市計画税は、土地・建物など不動産を所有する↗

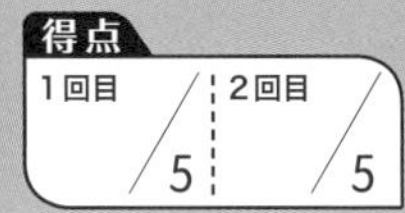

答1 

固定資産税は毎年**1月1日**時点の土地建物などの所有者に課税されるので、遊休土地にアパート等の居住用の家屋を建築した場合、その完成が令和5年1月15日であったときは、建物に関する令和5年の固定資産税は課税**されない**。

➡ プラスα

答2 

空家対策特別措置法によると、自治体が空き家を「特定空家等」及び「管理不全空家等」と判断した場合、当該特定空き家等に対しては、固定資産税の「住宅用地の特例」が適用**されない**。これにより、軽減されていた固定資産税が、元の税額に戻るため、最大で**6**倍になる可能性がある。

答3 

計上すべき金額は、その年の1月1日から12月31日までの間に「実際に**受領すべき**金額として**確定**した金額」とすることが原則であり、**未収**賃料も収入金額に**含める**ことが必要となる。

答4 ✕

業務上の契約書等や領収書に印紙を貼付した場合、印紙税は、所得計算上の必要経費に**なる**。

答5 

不動産所得がある場合には、**納税者**の住所地を管轄している税務署に確定申告を行う。

ことにより課税されるが、持家取得促進政策の一環として、住宅用地について課税標準の軽減措置(住宅用地の特例)が講じられている。

LESSON 22 賃貸不動産経営と税金(2)

問1 □□

個人の所得金額の計算上、購入代金が10万円未満の少額の減価償却資産については、全額をその業務の用に供した年分の必要経費とする。

問2 □□

事業用資産の修理等のための支出が修繕費か資本的支出か明らかでない場合、その金額が30万円未満であるときか、その金額が修理等をした資産の前年末取得価額のおおむね25%相当額以下であるときのいずれかに該当すれば、修繕費と認められる。

問3 □□

不動産の貸付けを事業的規模で行っている場合、当該貸付けによる所得は不動産所得ではなく、事業所得として課税されることになる。

問4 □□

青色申告者の不動産所得が赤字になり、損益通算をしても純損失が生じたときは、翌年以降も青色申告者であることを条件として、翌年以後3年間にわたり、純損失の繰越控除が認められる。

プラスα

●必要経費として認められるもの

事業税、消費税（税込で経理処理をしている場合）、事業の対象物↗

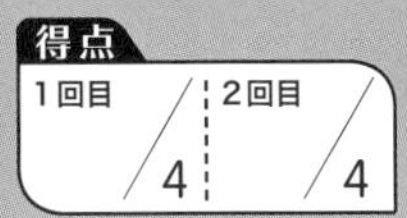

減価償却費は、一定の方法によって金額を計算し、耐用年数にわたりそれぞれの年の必要経費とするのが原則である。ただし、個人の所得金額の計算上、購入代金が10万円未満の少額の減価償却資産については、例外的に**全額**をその業務の用に供した年分の必要経費とする。➡プラスα

事業用資産の修理等のための支出が修繕費か資本的支出か明らかでない場合、その金額が60万円未満であるときか、その金額が修理等をした資産の前年末取得価額のおおむね10%相当額以下であるときのいずれかに該当すれば、**修繕費**と認められる。

不動産の貸付けを事業的規模で行っている場合であっても、当該貸付けによる所得は事業所得ではなく、**不動産所得**として課税されることになる。

青色申告者の不動産所得が赤字になり、損失が生じたときは、毎年確定申告をする等、所定の手続きをすることで、翌年以降3年間（特定非常災害により生じた純損失の金額については5年間）にわたり、その損失額の**繰越控除**が認められる。「翌年以降も青色申告者であること」は**条件ではない**ため誤り。

件に係る固定資産税・都市計画税、業務上の契約書や領収書に貼付した収入印紙代、損害保険料（掛け捨て部分）など。

LESSON 23 賃貸不動産経営と税金(3)

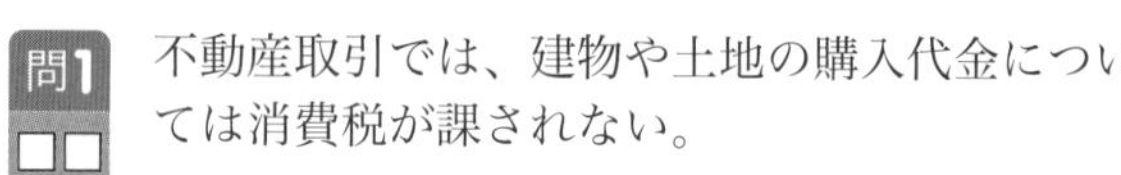

問1 □□

不動産取引では、建物や土地の購入代金については消費税が課されない。

問2 □□

不動産取引では、店舗の賃料や仲介手数料については消費税が課されないが、貸付期間が1か月以上の住宅の賃料については消費税が課される。

問3 □□

総合課税の税率は、所得税法上、5％から45％の超過累進税率であるのに対し、地方税法上、住民税の税率は一律10％の比例税率である。

問4 □□

個人事業から資産管理会社へ法人化し、不動産賃貸収入を会社の所得とすることで、個人の所得が法人を通じて分散し、超過累進税率の緩和を図ることができる一方で、資産管理会社の側では、社会保険に加入するなどのコストがかかる。

問5 □□

土地・建物の譲渡所得は、他の所得と分離して税額を計算する「申告分離課税」という計算方法をとる。

プラスα

●住民税

住民税は、所得税法上の所得をもとに住所地の市区町村が課税す↗

答1 ×

不動産取引では、土地の売買代金については消費税が**課されない**が、建物の売買代金には、消費税が**課される**（消費税法6条1項、別表第2）。

答2 ×

不動産取引では、店舗の賃料や仲介手数料については消費税が**課される**が、貸付期間が1か月以上の住宅の賃料については消費税が**課されない**。

答3 ○

総合課税の税率は、所得税法上、**5％から45％**の超過累進税率であるのに対し、地方税法上、住民税の税率は一律**10％**の比例税率である。

➡ プラスα

答4 ○

資産管理会社を設立し、不動産賃貸収入を会社の所得とすると、個人の所得が法人を通じて分散し、**超過累進税率の緩和**を図ることができるというメリットがある。一方、資産管理会社の側では、**社会保険に加入**するなどのコストがかかるというデメリットもある。

答5 ○

土地や建物を売却したときの**譲渡所得**に対する税金は、事業所得や給与所得などの所得と**分離**して、計算することになっている（申告分離課税。租税特別措置法31条1項、32条1項）。

る。その徴収方法には、普通徴収（自営業者、フリーランスの者などからの徴収）と特別徴収（給与支払い者が従業員の給与から徴収）がある。

LESSON 24 賃貸不動産活用の企画提案

不動産所得の計算において、個人が平成10年4月1日以後に取得した建物についての減価償却は定率法によって計算しなければならない。

レンタブル比の値は、建物のグレードが高いものほど、あるいは規模が小さくなるほど、低くなる傾向にある。

借入金の返済方法には、元利均等返済と元金均等返済の方法があるが、不動産賃貸事業資金の融資には、元金均等返済が多く採用されている。

賃貸不動産事業がそれ単独で充分な利益が見込めない場合であっても、相続税対策として確実で充分な効果が見込める場合には、当該事業を実施するとの判断も可能である。

個人の所得に対して課される所得税の税率は法人に課される法人税の税率より高いため、不動産賃貸経営を法人化すれば、所得の多寡を問わず、確実にメリットがあるといえる。

プラスα **●減価償却の対象**
土地など、時の経過により価値が減少しない資産は、減価償却資↗

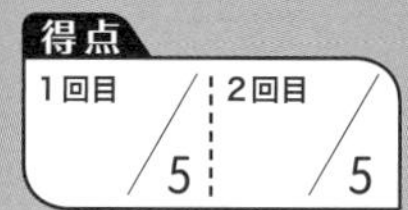

答1 ×

平成10年4月1日以後に取得した**建物**と平成28年4月1日以後に取得した建物付属設備や構築物については、**定額法**により計算する。なお、工具器具備品等は、**定率法**を選択することもできる。➡ プラスα

答2 ○

建物の延べ床面積に対する専有部分面積割合をレンタブル比といい、レンタブル比の値は、建物のグレードが高いものほど、あるいは規模が小さくなるほど、**低く**なる傾向にある。

答3 ×

借入金の返済方法には、元利均等返済と元金均等返済の二つの方法があるが、不動産賃貸事業資金の融資には、**元利**均等返済が多く採用されている。

答4 ○

資産の有効活用や、相続税対策で**減税**効果を目的とするなど、**全体的**判断から事業を実施するケースもある。

答5 ×

個人事業所得として計上した場合の個人の所得に対して課される「所得税の税率」と、法人に課される「法人税の税率」は、所得の多寡によってどちらが高くなるかが変わるため、不動産賃貸経営の法人化をすれば、所得の多寡を問わず、確実にメリットがある**わけではない**。

産の対象とはならない。また、不動産賃貸事業において自己居住など事業の用に供していない部分も減価償却の対象とはならない。

路線価は、相続税等の課税における宅地の評価を行うために設定される価格で、国税庁が決定し、毎年1月1日時点の価格が公表される。

所有地に賃貸住宅を建設すると、相続税の評価額の計算上、その土地は貸家建付地となり、更地のときと比べて相続税の評価額が上がる。

相続人が取得した空き家を売却し、一定の要件を満たす場合、所得税に関し、居住用財産を譲渡した場合、特別控除の特例の適用を受けることができる。

小規模宅地等の特例により、相続財産である貸付事業用宅地等については、200㎡までの部分について評価額を50%減額することができる。

法定相続人が配偶者と子2人の場合の遺産に係る基礎控除額は、「3,000万円+600万円×3人=4,800万円」となる。

プラスα
●土地建物の評価額
路線価の定められていない地域では、固定資産税評価額に一定の↗

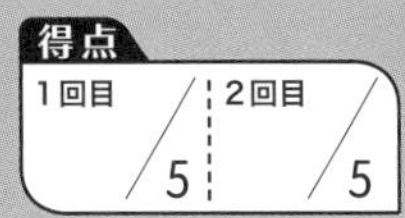

答1 ○

路線価は、相続税等の課税における宅地の評価を行うために設定される価格で、国税庁が決定し、毎年1月1日時点の価格が公表される。➡ プラスα

答2 ×

所有地に賃貸住宅や賃貸ビルを建設すると、相続税の評価額の計算上、その土地は**貸家建付地**となり、更地のときと比べて相続税の評価額が**下がる**。

答3 ○

相続人が相続した空き家やその敷地を売却したときに、相続開始直前において被相続人が一人で住んでいた等、一定の要件を満たす場合、譲渡所得の金額から**3,000**万円（令和6年1月1日以降、相続人が**3**人以上の場合は1人当たり**2,000**万円）まで控除することができる。

答4 ○

小規模宅地等についての相続税の課税価格の計算の特例により、一定の要件にあてはまる被相続人の貸付事業用宅地等については、**200**㎡までの部分について**50%**減額することができる。

答5 ○

相続税の基礎控除額は、「**3,000万円＋（600万円×法定相続人数）**」により算定される。本問の場合、法定相続人は3人なので、基礎控除額は「3,000万円＋（600万円×3人）＝4,800万円」となる。

税率をかけて求める。土地の評価額は、公示価格のおおむね8割、建物の評価は、固定資産税評価額と同額とされ、建築価格の5～7割前後となる。

LESSON 26 相続税・贈与税(2)

賃貸建物の相続税評価における現在の借家権割合は、全国一律50%である。

相続時精算課税制度を選択した場合には、選択した時から5年が経過した年以降は、暦年課税へ変更することができる。

生前贈与について相続時精算課税制度を選択した受贈者（子）については、贈与者（親）の死亡による相続時に、この制度により贈与を受けた財産を相続財産から控除して相続税の計算を行う。

借地権割合70%、借家権割合30%の地域にある土地上に賃貸不動産を建設し、賃貸割合を100%とすると、更地の場合と比べて土地の評価額を21%軽減できる。

プラスα

●相続時精算課税制度

祖父母や親が生前に子・孫に財産を贈与した場合、通常より税負↗

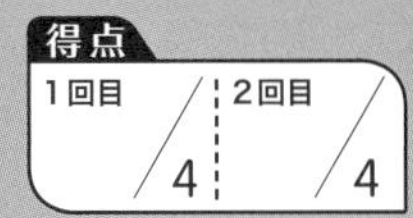

答1

賃貸建物の相続税評価における現在の借家権割合は、全国一律30%である。

答2

相続時精算課税制度を選択した場合には、**選択した年**以降、その贈与者から受ける贈与にはすべて相続時精算課税が適用され、暦年課税を適用することは**できない**。なお、令和6年1月1日より相続時精算課税に係る基礎控除が創設された。

➡ プラスα

答3

生前贈与について相続時精算課税制度を選択した受贈者（子）については、贈与者（親）の死亡による相続時に、この制度により贈与を受けた財産を相続財産に**加算**して相続税の計算を行う。

答4 ○

賃貸住宅等を建てた自用地（更地）を「貸家建付地」といい、貸家建付地の評価額は、自用地（更地）の評価額に**（1－借地権割合×借家権割合×賃貸割合）**を乗じることによって計算される。本問の場合、「1－0.7（借地権割合）×0.3（借家権割合）×1.00（賃貸割合）＝0.79」が自用地（更地）の評価額に乗じられることとなるから、土地の評価額は更地の場合の79%となり、更地の場合と比べて、土地の評価額を21%軽減できる。

担を軽くし、その後相続が発生した際に生前贈与された財産を相続財産に加えて相続税を計算し、すでに払った贈与税を相続税から差し引く制度。

コラム

原状回復ガイドライン(1)

賃貸人の負担となるもの	賃借人の負担となるもの
【床(畳・フローリング・カーペットなど)】	
1. 畳の裏返し、表替え(特に破損していないが、次の入居者確保のために行うもの) 2. フローリングのワックスがけ 3. 家具の設置による床、カーペットのへこみ、設置跡 4. 畳の変色、フローリングの色落ち(日照、建物構造欠陥による雨漏りなどで発生したもの)	1. カーペットに飲み物等をこぼしたことによるシミ、カビ(こぼした後の手入れ不足等の場合) 2. 冷蔵庫下のサビ跡(サビを放置し、床に汚損等の損害を与えた場合) 3. 引越作業等で生じた引っかきキズ 4. フローリングの色落ち(賃借人の不注意で雨が吹き込んだことなどによるもの)
【壁、天井(クロスなど)】	
1. テレビ、冷蔵庫等の後部壁面の黒ずみ(いわゆる電気ヤケ) 2. 壁に貼ったポスターや絵画の跡 3. 壁等の画鋲、ピン等の穴(下地ボードの張替えは不要な程度のもの) 4. エアコン(賃借人所有)設置による壁のビス穴、跡 5. クロスの変色(日照などの自然現象によるもの)	1. 賃借人が日常の清掃を怠ったための台所の油汚れ(使用後の手入れが悪く、ススや油が付着している場合) 2. 賃借人が結露を放置したことで拡大したカビ、シミ(賃貸人に通知もせず、かつ、拭き取るなどの手入れを怠り、壁等を腐食させた場合) 3. クーラーから水漏れし、賃借人が放置したため壁が腐食 4. タバコ等のヤニ・臭い(喫煙等によりクロス等が変色したり、臭いが付着している場合) 5. 壁等のくぎ穴、ネジ穴(重量物をかけるためにあけたもので、下地ボードの張替えが必要な程度のもの) 6. 賃借人が天井に直接つけた照明器具の跡 7. 落書き等の故意による毀損

賃貸不動産経営管理士

LESSON 1 賃貸不動産経営管理士に求められる役割

賃貸不動産経営管理士は、所属する賃貸住宅管理業者の積極的な指示がある場合に限り、重要な政策課題や新しい賃貸住宅の活用のあり方について制度設計を進め、実際の業務の管理及び監督の実施を担う等により、課題解決に関与する。

賃貸不動産経営管理士は、空き家所有者に対し賃貸借に係る情報、入居者の募集、賃貸住宅の管理の引受けについて助言や提言をすることにより、空き家所有者が安心して賃貸不動産経営に参画できる環境を整備し、空き家問題の解決のために役割を果たすことが期待される。

賃貸不動産経営管理士は、住宅扶助費の代理納付制度や残置物の処理に係る契約上の取扱い等を貸主に説明することを通じ、住宅確保要配慮者が安心して暮らせる賃貸住宅の提供のための役割を果たすことが期待される。

賃貸不動産経営管理士は、業務管理者としての事務を適切に実施するだけでよく、賃貸借関係の適正化を図るために賃貸住宅管理業者が行う業務につき、管理・監督する役割や自ら実施する役割までは担っているとされていない。

プラスα **●住宅セーフティネット法**
住宅セーフティネット機能の強化のため、空き家等を活用し、低↗

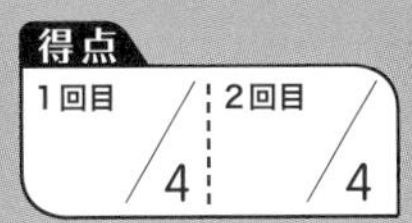

答1 ×

所属する賃貸住宅管理業者の積極的な指示が**なくても**、自ら積極的に、重要な政策課題や新しい賃貸住宅の活用のあり方についての制度設計を進めることや、実際の業務の管理及び監督の実施を担う等によって、**課題解決に関与**することが期待されている。

答2 ○

空き家問題の解決のために一定の役割を果たすことが期待されており、空き家所有者に対し、賃貸借に係る情報や入居者の募集、賃貸住宅の管理の引受けなどに関する**助言**・**提言**を行うことによって、空き家所有者が安心して賃貸不動産経営に参画できる**環境を整備**することが求められる。

答3 ○

賃貸不動産経営管理士は、住宅セーフティネットにおける役割として、住宅扶助費の代理納付制度や残置物の処理に係る契約上の取扱い等の貸主への説明を通じ、**住宅確保要配慮者**が安心して暮らせる**賃貸住宅の提供**のための役割を果たすことが期待されている。➡プラスα

答4 ×

賃貸不動産経営管理士は、業務管理者としての事務を適切に実施することに加え、賃貸借関係の適正化を図るために賃貸住宅管理業者が行う業務につき、**管理**・**監督**する役割や**自ら実施**する役割を担う。

所得者などの住宅確保要配慮者を拒まない賃貸住宅の登録制度などが規定されている。

LESSON 2 賃貸不動産経営管理士に求められるコンプライアンス

賃貸不動産経営管理士には、独立したポジションでのコンプライアンスが求められる。

賃貸不動産経営管理士の業務においては、利益相反行為を考慮する必要はない。

賃貸不動産経営管理士は、宅地建物取引業者が媒介や代理をしないサブリース方式の転貸借契約において、宅地建物取引業法に準じ、転借人に対して契約締結前の重要事項説明や契約締結時の書面の交付を行うことが期待される。

明渡し業務に際し、「法的紛議」の可能性が高い場合には、弁護士に依頼することも検討すべきである。

賃貸不動産経営管理士が有する賃貸借契約や賃貸不動産管理に関する専門性は、住宅宿泊事業で必要となる専門性と異なるものなので、賃貸不動産経営管理士は、住宅宿泊事業における専門家としての役割を担う資質と能力を有してはいない。

プラスα **●賃貸住宅管理におけるコンプライアンス**
賃貸住宅管理におけるコンプライアンスを考える際は、形式的に↗

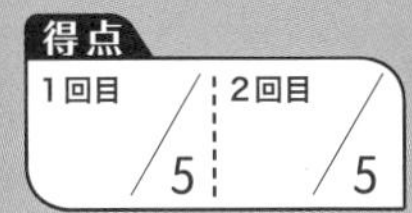

答1 ○

管理業者の従業員としての立場とあわせ、プロフェッションとして、**独立**したポジションでの**コンプライアンス**が求められる。➡プラスα

答2 ×

管理業務は、法律的には代理業務にあたるため、管理業者は利益相反行為を行っては**ならない**。よって、賃貸不動産経営管理士も管理業者の一員として、利益相反行為が**禁止**される。

答3 ○

賃貸住宅管理業法では、サブリース方式の転貸借契約において、転借人に対して契約締結前の重要事項説明や契約締結時の書面の交付を賃貸不動産経営管理士が行うこととは**されていない**が、宅建業法に準じ、賃貸不動産経営管理士がこれらを行うことが期待されて**いる**。

答4 ○

弁護士法との兼ね合いから、明渡し業務に際し、「法的紛議」の可能性が高い場合には、**弁護士に依頼**することも検討すべきである。

答5 ×

賃貸不動産経営管理士は賃貸借契約や賃貸不動産管理の専門家であり、住宅宿泊事業における専門性と**親和**性がある。そのため、賃貸不動産経営管理士は、住宅宿泊事業においても専門家としての役割を担う資質と能力を**有している**といえる。

プラスα 「法令を遵守していれば十分である」とするのでは足りず、その法令の制定趣旨や背後にある社会関係をも踏まえた対応が求められる。

LESSON 3 倫理憲章(1)

問1 □□

賃貸不動産経営管理士であった者が、勤務していた管理業者を退職した後も、賃貸不動産経営管理士として職務上知った関係者の秘密を漏らさないようにしていることは、賃貸不動産経営管理士「倫理憲章」の趣旨に照らし、適切な行為である。

問2 □□

賃貸不動産経営管理士が、賃貸物件の貸主と借主の間に紛争が生じるおそれがある場合において、もっぱら依頼者である貸主の立場に立って対応していることは、賃貸不動産経営管理士「倫理憲章」の趣旨に照らし、適切な行為である。

賃貸不動産経営管理士が、賃貸不動産経営管理士の資格取得後も毎年、賃貸不動産経営管理士試験問題に目を通して勉強していることは、賃貸不動産経営管理士「倫理憲章」の趣旨に照らし、適切な行為である。

プラスα

●倫理憲章

賃貸不動産経営管理士の社会的地位の向上、社会的信用の確立と↗

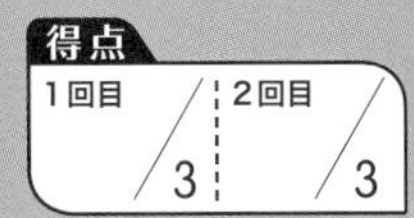

答1 ○

賃貸不動産経営管理士は、職務上知り得た**秘密**を正当な理由なく他に漏らしてはならない。その職務に携わらなくなった**後**も同様とする（賃貸不動産経営管理士「倫理憲章」（7）秘密を守る義務）。

➡ プラスα

答2 ×

賃貸不動産経営管理士は常に**公正**で**中立な**立場で職務を行い、万一紛争等が生じた場合は**誠意**をもって、その**円満解決**に努力する必要がある（賃貸不動産経営管理士「倫理憲章」（4）公正と中立性の保持）。本問のような場合、賃貸不動産経営管理士は、貸主の立場に立つだけではなく、借主等の**他の関係者の立場**にも十分配慮して対応する必要がある。よって、本問の行為は適切**ではない**。

答3 ○

賃貸不動産経営管理士はあらゆる機会を活用し、賃貸不動産管理業務に関する広範で高度な**知識の習得**に努め、**不断の研鑽**により常に**能力、資質の向上**を図り、管理業務の専門家として高い専門性を発揮するよう努力する必要がある（賃貸不動産経営管理士「倫理憲章」（5）専門的サービスの提供および自己研鑽の努力）。

品位保持、資質の向上を図ることを目的として、賃貸不動産経営管理士協議会によって定められている。

倫理憲章(2)

賃貸不動産経営管理士が、賃貸物件が所在する地域の防犯・防災活動に協力するため、貸主に対し、積極的に企画提案していることは、賃貸不動産経営管理士「倫理憲章」の趣旨に照らし、適切な行為である。

賃貸不動産経営管理士「倫理憲章」によると、信義誠実の義務に関しては、自己の所属する管理業者の直接の依頼者に対してはもちろんのこと、他の関係者に対しても、同様に、信義に従い、誠実に対応することが必要である。

賃貸不動産経営管理士「倫理憲章」によると、法令の遵守と信用保持に関しては、賃貸不動産管理業界全体の社会的信用より自己の所属する管理業者の信用獲得を優先し、自己の所属する管理業者に対する社会的信用を傷つける行為や社会通念上好ましくないと思われる行為を特に慎むべきである。

プラスα

●公共の福祉・社会通念

公共の福祉とは、社会全体に共通する幸福や利益のことを意味す↗

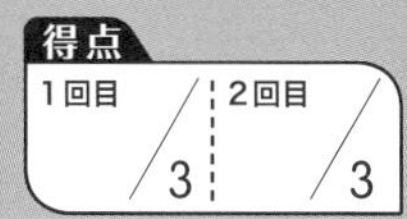

答1 ○

賃貸不動産経営管理士は、賃貸不動産経営管理士のもつ、**公共的使命**を常に自覚し、公正な業務を通して、**公共の福祉**に貢献する必要がある（賃貸不動産経営管理士「倫理憲章」（1）公共的使命）。よって、地域の防犯・防災活動に協力するため、貸主に対し、積極的に企画提案していることは、賃貸不動産経営管理士の公共的使命を果たし、公共の福祉に貢献する行為であるため、適切**である**。

➡ プラスα

答2 ○

賃貸不動産経営管理士は、**信義**に従い**誠実**に職務を執行することを旨とし（賃貸不動産経営管理士「倫理憲章」（3）信義誠実の義務）、自己の所属する管理業者の直接の依頼者に対してはもちろんのこと、**他の関係者**に対しても、同様に、信義に従い、誠実に対応することが必要である。

答3

×

賃貸不動産経営管理士は、関係する法令とルールを遵守し、**賃貸不動産管理業**に対する**社会的信用**を傷つけるような行為、および社会通念上好ましくないと思われる行為を厳に慎む必要がある（賃貸不動産経営管理士「倫理憲章」（2）法令の遵守と信用保持）。よって、法令の遵守と信用保持に関しては、賃貸不動産管理業界全体の社会的信用より自己の所属する管理業者の信用獲得を優先するべきだという本問は、適切**でない**。

る。社会通念は社会一般に通用している常識や見解のことをいう。「倫理憲章」ではほかに「能力を超える業務の引き受け禁止」もおさえておこう。

コラム

原状回復ガイドライン(2)

賃貸人の負担となるもの	賃借人の負担となるもの
【建具等、襖、柱等】	
1. 網戸の張替え(破損はしていないが、次の入居者確保のために行うもの) 2. 地震で破損したガラス 3. 網入りガラスの亀裂(構造により自然に発生したもの)	1. 飼育ペットによる柱等のキズ・臭い(ペットにより柱、クロス等にキズが付いたり、臭いが付着している場合) 2. 落書き等の故意による毀損
【設備、その他】	
1. 専門業者による全体のハウスクリーニング(賃借人が通常の清掃を実施している場合) 2. エアコンの内部洗浄(喫煙等の臭いなどが付着していない場合) 3. 消毒(台所・トイレ) 4. 浴槽、風呂釜等の取替え(破損等はしていないが、次の入居者確保のために行うもの) 5. 鍵の取替え(破損、鍵紛失のない場合) 6. 設備機器の故障、使用不能(機器の寿命によるもの)	1. ガスコンロ置き場、換気扇等の油汚れ、スス(賃借人が清掃・手入れを怠った結果汚損が生じた場合) 2. 風呂、トイレ、洗面台の水垢、カビ等(賃借人が清掃・手入れを怠った結果汚損が生じた場合) 3. 日常の不適切な手入れもしくは用法違反による設備の毀損 4. 鍵の紛失又は破損による取替え 5. 戸建賃貸住宅の庭に生い茂った雑草

ガイドライン上、借主が原状回復義務を負うとされる場合でも、借主は必ず「全額」の費用負担義務を負わなければならないわけではありません。
経年変化や通常損耗は当然の前提となっており、借主は、経年変化・通常損耗分は賃料として支払っていることから、その分は貸主が費用を負担すべきと考えられます。
そこで、ガイドラインは、借主の負担割合については、建物や設備等の経過年数を考慮して、経過年数が多いほど負担割合を減少させることとしています。

MEMO

本書に関する正誤等の最新情報は、下記のアドレスでご確認ください。
http://www.s-henshu.info/cfkii2404/

上記掲載以外の箇所で正誤についてお気づきの場合は、書名・発行日・質問事項（該当ページ・行数・問題番号などと誤りだと思う理由）・氏名・連絡先を明記のうえ、お問い合わせください。

・webからのお問い合わせ：上記アドレス内【正誤情報】へ
・郵便またはFAXでのお問い合わせ：下記住所またはFAX番号へ

※電話でのお問い合わせはお受けできません。

［宛先］コンデックス情報研究所
『賃貸不動産経営管理士　一問一答問題集　'24年版』係
住所：〒359-0042　所沢市並木3-1-9
FAX番号：04-2995-4362（10:00～17:00　土日祝日を除く）

※本書の正誤以外に関するご質問にはお答えいたしかねます。また、受験指導などは行っておりません。
※ご質問の受付期限は、2024年11月の試験日の10日前必着といたします。
※回答日時の指定はできません。また、ご質問の内容によっては回答まで10日前後お時間をいただく場合があります。あらかじめご了承ください。

編著：コンデックス情報研究所
1990年6月設立。法律・福祉・技術・教育分野において、書籍の企画・執筆・編集、大学および通信教育機関との共同教材開発を行っている研究者・実務家・編集者のグループ。

賃貸不動産経営管理士一問一答問題集 '24年版

2024年5月20日発行

編　著　コンデックス情報研究所

発行者　深見公子

発行所　成美堂出版
〒162-8445　東京都新宿区新小川町1-7
電話(03)5206-8151　FAX(03)5206-8159

印　刷　株式会社フクイン

ISBN978-4-415-23836-4
落丁･乱丁などの不良本はお取り替えします
定価はカバーに表示してあります